激変！ビフォア・アフター

今のあなたを最も美しく魅せるヘアとメイクの法則

ヘアメイクアップアーティスト
山口直美 × メンタルコーチ
eri

ダイヤモンド社

はじめに

INTRODUCTION

初めまして。ヘアメイクアップアーティストの山口直美です。私は5年前に、横浜市鶴見区にある小さなヘアサロンで、メンタルコーチとして活躍する妹のｅｒｉとともに、「ビューティチェンジ」というヘアメイクレッスンをスタートさせ、延べ１０００人以上の女性たちの変身のお手伝いをしてきました。

「ビューティチェンジ」は、どんな自分になりたいかを事前に引き出すイメージセッションと、それを実現する完全オーダーメイドのマンツーマンのヘアチェンジ&メイクレッスンのセットメニューです。特別な宣伝もしておらず、しかも1回3万６０００円というお値段にもかかわらず、インスタグラムの投稿や体験者の口コミなどで噂が広まり、現在は3ヶ月先まで予約が埋まっている状況です。お客さまは、日本全国はもちろん、海外からもいらっしゃいます。また7割を超える方がリピートされたり、ご家族やご友人を紹介してくださいます。

「ビューティチェンジ」の大まかな流れを説明しましょう。初めに、妹ｅｒｉがお電話やスカイプを使って2時間前後の事前イメージセッションを行います。

「2時間!?」と驚かれる方も多いでしょう。このセッションは、通常の美容室のカウンセリングとは異なり、コーチングをベースとしたもので、なりたい自分像、変わりたい理由などをご本人自らが〝気づき〟、本当の望みを〝知る〟ためのセッションです。

表面的な言葉ではなく、本人ですら気がついていなかった深層心理や、誰にも言えなかった本当の希望を深掘りしていく特別な時間は、お客さまが〝自分と向き合い、自分を知る〟ということを意味します。そしてこの事前セッションの内容は、私にバトンタッチされ、それを実現する具体的なヘア＆メイクのレシピを作成します。

施術当日は、ヘアメイクに関する最終カウンセリングを経て、ビフォアの動画と写真の撮影、メイクレッスン、ヘアチェンジ、アフターの動画と写真の撮影をします。後日撮影した写真と動画、使用アイテムやポイントをまとめたヘアメイクレシピをお送りしています。

その人がなりたいイメージを共有し、そこに元々持っているその人らしさ、魅力を掛け合わせたヘアメイクを施すことで、最大限の美しさを引きだし、また、その後もご自身で続けられるようなヘア&メイクをご提案するので、これをきっかけに、人生が変わったと言っていただくことも多いです。

私たち姉妹がこの「ビューティチェンジ」を始めたのは、お互いの好きなこと、得意なことを組み合わせたら、郊外の小さな美容室からでも、なにか本当の意味で人のためになることが発信できるんじゃないか、と思ったからです。

今、私が活動の拠点にしている鶴見の美容室は、元々は両親が営んでいた店で、今でも母は現役の美容師として元気に仕事をしています。私が高校3年生の時に、美容師だった父が亡くなり、「父の後をつぐ」と決めて進路を変更、短大と美容専門学校に並行して通い、卒業後には東京・表参道の有名ヘアサロンに就職しました。

アシスタント時代は直属の上司がモデルや女優のヘアメイクとして活動していたため、撮影現場に赴くこともしばしば。時に過酷ではありましたが、ヘアメイクとして貴重な経験をさせていただきました。スタイリストとしてデビュー後は、サロンワークをしながら雑誌等で度々スタイル提案をしていました。

そして30代半ば、出産・子育てをしながら母の手助けもできると思い、家業でもあった鶴見の美容室で働くことに決めました。

一方、妹は、持ち前の明るさやコミュニケーション能力を活かし、アパレルの販売員として記録的な売上を残したりしながら、めざましく活躍していました。元々人間の心理に興味を持っていた妹は、出産後にコーチングを学び、「いつか女性の美に関わる仕事で独立をしたい」という夢を抱いていました。

鶴見に帰ってからの私は、自分で選んだ道とはいえ、東京・表参道で活動していた当時と比較すると、美容の世界の第一線から退いたような寂しさもあって、はたからも少し落ち込んで見えたようです。

その頃、妹の言った一言が私を変えました。

「私がお姉ちゃんの技術を持っていたら、絶対に、もっと活かすのに！」

自分が今まで培ってきた技術や感性、ヘアと同じくらい大好きなメイク、アラフォーだからこそわかる大人の女性の悩み……。今の環境にいながらできる最大限のことをやったら、私自身も何か変わるかもしれない。こうして、妹に背中を押されるようにして、二人三脚で始めたのが「ビューティチェンジ・ヘアメイクレッスン」のメニューなのです。

私が本当にやりたいこととは、自分の持っている知識や技術で「一般の女性」を美しくすること。撮影現場で求められるその場限りの美しさではなく、ハレの日もそうでない日も、一生懸命生きている女性たちの生活の一部となる〝持続可能〟な美しさを提供すること。

本書は、これまでに「ビューティチェンジ」に訪れた1000人以上の女性の変身のお手伝いをする中で、多くの方に共通するお悩みや、メイクやヘアに関する間違った思い込みに気づき、少し変えるだけで効果が大きく出るポイントを中心に、ヘアとメイクの法則を書いたものです。

特に、私たち姉妹と同じアラフォーかそれ以上の年齢の方は、今まで似合っていたものが似合わなくなったり、化粧品も急に合わなくなったりして、どうしていいかわからないと迷子になっている方が多い印象です。そんな悩みや迷いを払拭するために、この本をお役立ていただければ嬉しいです。「もう歳かな……」とあきらめかけている人こそ、変わるチャンス。ぜひ、あなたも「ビューティチェンジ」の扉を開けてみてください！

CHAPTER 4 顔が整形級に変わるメイクのポイント 123

CHAPTER

1

実録!
ビフォア・アフター

アラフォーでも伸びしろはある!
激変した10人の
ビフォア・アフター

「何かを変えたい」「おしゃれを見直したい」と思った時、たいていの人は「自分には何かが足りない」と思っています。だからとにかく何かを付け足す、足し算をすればいい、と考えがちです。でもほとんどのアラフォーの場合、それは逆効果です。

また「痩せたら○○したい」など、現在の自分を否定してあきらめている人、「怖く見られてしまう」「本当の自分は○○なのに、逆の印象を持たれがち」など、外見と中身のギャップに苦しんでいる方も多くいらっしゃいます。**そういう方にまずお伝えしたいのは、「大丈夫、今のあなたのままで変われます!」ということ**です。

ビューティチェンジにいらっしゃる方々も、「過去にいろいろやってきたけれど、なかなか自分の思うようにいかない」という八方塞がりの状態の方や、どこをどう変えていいかわからない方がほとんどです。そういう方こそ今までの常識を一旦追い払ってみる、なんとなく惰性で使っていたメイク用品を見直してみるなど、引き算の発想が必要なのだと思います。

この章では、ビューティチェンジを実際に体験された10名の方々のビフォア・アフターをご紹介していきます。変わりたい動機、なりたい像はそれぞれに違いますが、全員が〝その人らしく、格段に良くなっている〟というのが共通の印象だと思います。**それは、なかったものを付け足すのではなく、すでに持っているチャームポイントを活かしているから**です。

「垢抜けたい」とおっしゃる方はかなり多いですが、垢抜けている人というのは足し算ではなく、引き算を知っている人です。全部に全力を注ぎ込まなくていいこと、どこを引けばいいかをわかっている人。自分という素材を活かし、トータルバランスで客観的に自分を見るというのが垢抜けるための必須事項です。

「どういうふうに自分が見られているか」は、自分だけではなかなかわかりません。ビューティチェンジでビフォア・アフターの写真を撮るのは、最新の自分をそのまま映して、ヘアとメイクを変える

アラフォーでも伸びしろはある！
激変した10人のビフォア・アフター

とどう見えるか、客観的に知るためのもの。ビフォアは、「メイクもヘアも普段通りにしてきてください」と伝えているので、すっぴんではなくセルフメイクです。よく半顔はノーメイク、半顔はプロによるメイクで左右差で見せる、という方法がありますが、私たちは全顔でメイクすることにこだわっています。そうすると、メイク中に徐々に変わってくるので、ご本人は、自分がそんなに激変しているこ とに気づかないのですが、ビフォアとアフターの写真を見比べてみた時に初めて、ご本人がいちばんびっくりされるのです。「変わらないと思っていたのに、こんなに変われたんだ！」と。

変化の幅は人それぞれですが、もうあきらめていた人ほど変わり方が激しいです。

見た目が変わると、そこに気持ちが追いついてきてさらに魅力的になり、周りの方からの評判も集まって、どんどん好循環が生まれ、魅力があふれ出していきます。

ビューティチェンジをきっかけに、彼ができたり結婚や離婚をして新しい人生をスタートさせた方もいらっしゃいます。また、仕事でさらに重要なポストを任されるようになった、というキャリアウーマンの方もいらっしゃいます。皆さん外見を変えることで自信を手に入れて新しい人生の一歩を踏み出せたのです。

なりたい自分になれたことで、生き方にも好影響を与えるというのは間違いない事実です。あふれ出した魅力で、年齢を重ねながらその時々でいちばん素敵に見えるよう外見を更新していく。そういうことからも、アラフォー以降の美容は、「若返りだけがゴールじゃない」と断言できます。

次の頁から10名の実例をご紹介していきます。万人に共通するヘアとメイクの法則は2章以降に、また、10名の方にパーソナライズした個別のメイクレシピは、巻末の特別付録として詳細を公開しています。ぜひご参考になさってください。

大人しそうな印象からハツラツ笑顔のナチュラル美人に

——Aさん（40代）

遠心顔

p.92参照

自分メイク

目ヂカラが弱めで寂しげなイメージ

- ✓ 小顔なのに身体が華奢なので比率として頭が大きく見える
- ✓ 髪がフェイスラインを囲みエラがはっているように見える
- ✓ 遠心的な顔立ちで目の印象が薄い
- ✓ 目の大きさに対し、唇の厚みがないので寂しげ
- ✓ 女性らしい柔らかさと元気な印象が欲しい

チェンジメイク

肌に透明感が出て いきいきとした目元に

ここを変えた！

アイメイクで 黒目を大きく見せて 目ヂカラをアップ

広い二重幅を生かし、まぶた中央のアイライン＆二重幅のシャドウで黒目を大きく見せると、遠心バランスを求心に補整することが可能になる。自然な目ヂカラも演出します。

ここを変えた！

コントロールカラーで 肌に透明感を出し 元気な印象を演出

ラベンダーのコントロールカラーを使って、肌に透明感をプラスし、くすみを払拭。元々のキメの細かさが伝わる肌の質感になり、目元、口元のメイクが映える健康的な印象に。

ここを変えた！

レングスを顎より 短くすることで フェイスラインを補整

顎と首をスッキリ出すと、顎がシュッと尖ったように見えシャープな顔型になる。カットで耳横にウェイトを作って重心を上げれば、目元の印象が強調され若々しく見える。

ここを生かした！

きれいな首から肩の ラインを思い切って出す

すっきりとした首から肩にかけてのラインがチャームポイント。髪をショートにしてそれを見せることで、さらに魅力がアップ。キメ細かな肌の美しさも際立ちます。

メイクの詳細はP.230をチェック

さっぱり顔に華やぎを足して女性らしい柔らかさと色気を纏《まと》う

――Bさん（40代）

遠心顔

p.92参照

自分メイク

化粧にメリハリがなくすっぴんに見えてしまう

- ✓ 遠心&平面的な顔立ちを立体的に見せたい
- ✓ 薄化粧のせいで手をかけていない感じがする
- ✓ 目尻が下がっているので疲れて見える
- ✓ 唇の色が暗めで、少し不健康に見える
- ✓ コンサバにならず、女性らしさをアップしたい

チェンジメイク

目元と口元が強調され しっとり女性らしい表情に

ここを変えた！

透け感のある前髪を作って顔の余白を埋める

遠心的な顔立ちをカバーするため、隙間のある前髪を作って、ナチュラルに顔の余白を埋めてメリハリをプラス。また毛先を巻いて動きをつけ、顔と髪のコントラストを緩和。

ここを変えた！

目頭ラインを入れ、まつ毛の間を埋めて目の縦幅を出す

茶色の目頭ラインを少しはみ出すくらいに目頭に入れ、両目の距離感をやや狭める。またまつ毛の間をしっかり埋めることで目の縦幅を増して、垂れ目ではなく華やかで優しさを感じる目元にシフト。

ここを変えた！

シェーディングとハイライトで立体的な顔立ちに

眉下、小鼻横、フェイスラインのシェーディングや、高く見せたいところのハイライトなどで顔立ちにメリハリ感をプラス。唇の中心も少し濃くして、さりげなく立体感も強調。

ここを生かした！

色白のキメ細かな肌を生かすミニマム使いのファンデーション

色白ゆえどうしてもシミは目立ってしまうので、そこはコンシーラーでしっかりカバーする。その他のパーツのファンデは美肌を生かして最小限のみでOK。

メイクの詳細はP.232をチェック

薄すぎるメイクに強弱をつけてメリハリある顔立ちに

——Cさん（40代）

遠心顔

p.92参照

自分メイク

すっぴん風メイクのせいでカジュアル服がパジャマ風

- ややつり目のため冷たそうに見える
- 血色が感じられない
- パーツが遠心気味
- 目の周りの広めのシミが気になる
- 垢抜けたい

メイクの詳細はP.234をチェック

チェンジメイク 可愛さとモードを両立しスタイリッシュに

ここを変えた!

目と眉を求心的にしてクールな印象に

目頭ラインと目尻ラインを入れて、両目の距離感を近づける。また眉も目頭側の毛のない部分を少し描き足し、ナチュラルに求心的にシフト。キリッとしたクールな印象に変化。

ここを変えた!

下アイラインでモード感をプラス

目頭と目尻上のほか、目の下の粘膜にアイラインを入れることで目ヂカラとスタイリッシュさをプラスして個性が光る大人カジュアルに。

ここを変えた!

チークとリップでナチュラルな血色をプラス

自然な血色をプラスして不健康そうなイメージから脱却。さらに各パーツにさりげない艶を加えることで、上品なコントラストのあるメイクに仕上げている。

ここを生かした!

ベリーショートの質感チェンジでおしゃれに

美肌と小顔が映えるベリーショートがお似合いなので、カットは毛量調節程度。オイルを混ぜたワックスを用い、ウェットな質感と束感を出せば可愛らしさがアップ。

飾り気のないナチュラルさんから旬を取り入れた〝こなれ美人〟に

――Dさん（40代）

遠心顔

p.92参照

自分メイク

自然体であるがゆえに手をかけていない雰囲気

- ✓ 薄すぎるメイクで顔色が悪く見える
- ✓ 顔に色味がなく、ぼんやりとした印象に
- ✓ 鼻をすっきり見せたい
- ✓ 口元を左右対称に見せたい
- ✓ 毛量のあるヘアのせいで頭が大きく見える

チェンジメイク

おしゃれな色味のリップでコントラストが生まれる

ここを変えた！

目頭ラインと目尻ラインで目元を求心的に

ブラウンのアイライナーで目頭ラインを描き、両目を寄せる。さらに目尻ラインで影を足して目に丸みをプラス。下まぶたに艶のあるシャドウを塗布して、美しいブラウンの瞳を強調。

ここを変えた！

目の下の逆ハの字のハイライト

目の下に逆ハの字に入れたハイライトによって、目元がきれいに見える上、顔全体がリフトアップ。丸みのある鼻、ほうれい線など気になるパーツも目くらまし。

ここを変えた！

テラコッタ色のリップで今っぽさを投入

色白の肌をさらに明るく見せる発色のいいリップのおかげで、本来の美しい顔立ちがさらに際立ち、引き締まった印象に。女性らしいヘルシーな色っぽさ、華やかさも生まれる。

ここを生かした！

毛量の多さを生かしたタイトな外ハネのヘアスタイル

ウェットな質感で華やかさと垢抜けを演出したタイトな外ハネヘアは、縦のラインを強調するので小顔効果がアップ。毛量が少ないと貧相になるので、毛量が多い人向け。

メイクの詳細はP.236をチェック

キュートさのある童顔を活かし黒目がちでピュアな雰囲気を強調

――Eさん（30代）

標準顔※

※遠心顔と求心顔の間

自分メイク

子どもっぽさを抑えて大人のニュアンスを加味

- ✓ 目が窪んでいて小さく見える
- ✓ アイラインを入れると下に付きやすい
- ✓ 丸みのある鼻をシュッと見せたい
- ✓ 子どもっぽいイメージを払拭したい
- ✓ 顔が丸く見える

ここを変えた！

長め前髪でおでこを少し隠し大人っぽく

ヘアは全体的に毛量調節をし、動きや透け感で軽さを出す。また前髪は長めにし、毛先はゆるく横に流しおでこを半分隠して縦ラインを強調。

ここを変えた！

ぷっくりとした涙袋を強調しキラキラの黒目に

窪み目はアイラインで締めすぎないことが重要なので、目頭＆目尻ラインのみで最小限に。涙袋に明るいピンクベージュを入れ、レフ板効果で瞳をウルウルさせて美人度UP。

ここを変えた！

ノーズシャドウで鼻の丸みを抑え鼻筋を高く演出

可愛らしい丸い鼻は、子どもっぽく見える原因のひとつ。すっきりシャープに見せるには、鼻筋にハイライト、鼻の側面にシャドウを入れることで立体感を強調。

メイクの詳細はP.238をチェック

チェンジメイク

瞳のキラキラ感を強調し本来の可愛さを底上げ

ここを生かした！

元々の立体感を生かしてミニマムメイクで華やかに

丸いおでこ、奥まった目などの立体感を生かすには、影を最小限に抑え、光を強調したメイクでふんわり華やかに見せ、本来の可愛らしさを引き出す。

元気な印象をプラスすると顔のすべてがリフトアップ！

――Fさん（30代）

求心顔

p.92参照

自分メイク

ペタンとした髪も手伝い大人しく落ち着いた印象

- ✓ 求心的な顔立ちを少し遠心的に見せたい
- ✓ ほうれい線が気になってきた
- ✓ 肌のくすみが気になる
- ✓ もう少し目ヂカラを出して元気に見せたい
- ✓ 髪がペタンとしてボリュームが少ない

チェンジメイク

華やかさのあるフェミニンスタイル

ここを変えた！

髪の表面にだけ段を入れてひし形シルエットに

耳横にボリュームが出るひし形シルエットで華やかな印象を演出。分け目を反対にして毛の流れを逆らわせ、ふんわりとさせているのが肝。前髪は透けバングでおしゃれに。

ここを変えた！

コントロールカラーをミックスして透明感をアップ

肌色補整のラベンダーと艶を出すタイプの2種類のコントロールカラーを混ぜて使い、ベースの透明感を底上げ。気になるくすみ肌を明るく健康的に演出して。

ここを変えた！

目の下のハイライトで全体が明るく

目の下に逆ハの字のハイライトを入れ頬を明るくすると、顔全体がリフトアップして見える。また黒目の印象がはっきりとし、目ヂカラがアップする。

ここを生かした！

アッシュブラウンの瞳を目立たせる涙袋メイク

瞳の色の美しさを際立たせるため、涙袋に光をプラスし、柔らかい印象の目元に。色白の肌になじむピンクブラウンのアイシャドウで深みも演出。

メイクの詳細はP.240をチェック

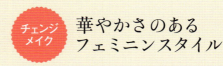

老けて見えやすい外国人風骨格をキュートで快活な印象に

——Gさん（30代）

求心顔

p.92参照

自分メイク

凹凸のある目元の影がくすみ感を助長している

- ✓ 外国人のような骨格で、老けて見えやすい
- ✓ まぶたのくぼみで影ができ、目元がくすむ
- ✓ まぶたのくぼみのせいで疲れ顔に見える
- ✓ チークと口紅の色が肌になじんでいない
- ✓ 白目がくすんで黄色っぽい

おしゃれなオンザ眉毛で一気に表情まで明るく

チェンジメイク

ここを変えた！

パール感ある膨張色シャドウで目元をフラットに

ブラウンなど影を助長する色ではなく、パール感があってなじみやすいベージュ系シャドウを選択。まぶたを膨らませて凹みを目立たなくすると、目元の印象が明るくなる。

ここを変えた！

下まぶたメイクで白目の清潔感をUP!

目頭側の涙袋のところにパール感のあるシャドウをのせて、レフ板効果を発揮させる。くすみがちだった白目がキラキラと潤んだ感じになり、白目の黄ばみが目立たなくなる。

ここを変えた！

リップに色をしっかりつけて口元をポイントに

無難なベージュピンクだとどうしても目元の影に負けるので、しっかりとコントラストが出るベリー色のグロスを選択。全体の印象が目元に集中しないようバランスをとって。

ここを生かした！

丸みのあるおでこを生かして快活なショートバングに

おでこが出ている人は、大人のオンザ眉毛が似合う。顔に影を落とさないために、ショートバングか前髪なしが◎。また元々のくせ毛も生かし、ニュアンスパーマ風に。

メイクの詳細はP.242をチェック

年相応の品を引き出して大人のエレガンスを香らせる

――Hさん（30代）

求心顔

p.92参照

自分メイク

髪と肌のドライな質感がお疲れ顔の原因

- ✓ まぶたが少し重ための印象
- ✓ 黒目を大きく見せたい
- ✓ 肌に赤みが出やすく火照った感じになる
- ✓ 退色しパサついたダメージヘアが気になる
- ✓ なんとなく疲れて見えがち

チェンジメイク

締め色のショートボブで清潔感が劇的アップ

ここを変えた！

ダークブラウンの髪色で柔らかな質感に

明るいイエローブラウンに退色していたので、透明感が出るダークなブラウンに髪色をチェンジしたら、質感まで柔らかく見えるように。顔全体も引き締まって見え、大人っぽい上品な印象に。

ここを変えた！

黒目下のアイラインで瞳を印象的に

黒目の下にアイラインを点で足すことで、瞳を自然に大きく見せて目ヂカラをUP。この時、アイラインを線で引いてしまうとやりすぎた不自然な印象になるので注意。

ここを変えた！

イエローのコントロールカラーで肌の赤みをオフ

赤ぐすみをカバーするには、イエローのコントロールカラーが優秀。肌色を補整して、涼しげな印象に。また、汗をかきやすいのもお悩みのため、ファンデーションは最小限に。

ここを生かした！

持ち前の華やかな笑顔を生かし笑った時の口元を基準に

笑顔がとにかく素敵なので、笑った時の口のボリュームに目や眉のパーツを合わせたのがポイント。眉は太さを足し平行に描いた。目元はまつ毛を上げて目を大きく。

メイクの詳細はP.244をチェック

顔立ちの美しさが強調され洗練された雰囲気に

——Iさん（40代）

求心顔

p.92参照

自分メイク

メイクの加減がわからず、垢抜けない印象

- ✓ はっきり顔のため、少しのメイクでも濃く見える
- ✓ 眉が濃く、キツそうに見える
- ✓ 元々の唇の色素が薄い
- ✓ 肌のくすみで色黒に見える
- ✓ 髪が多く重たい印象

チェンジメイク

艶やかさと透明感が増してグッと〝いい女〟に

ここを変えた！

眉と目周りをブラウンにして柔らかく

まぶたにはブラウンのシャドウ、眉はアイブロウパウダー、眉マスカラでふんわりとブラウンにチェンジ。瞳の色がブラウンなので目周りの色を調和させて柔らかい印象に。

ここを変えた！

面長なのでチークは横方向に入れる

小鼻より少し上から頬骨に沿ってふんわりとチークを入れることで顔の重心バランスが整い、自然に血色がプラスされる。やや面長なので横長を意識して入れるとちょうど良い。

ここを変えた！

顎のラインを出し片耳にかけた軽やかヘアに

顔の小ささを強調すべく、すっきりとしたフェイスラインを出せる顎レングスのボブにカット。毛量調節で重さを取り除き、毛先にカーブをつけて女性らしい柔らかさを演出。

ここを生かした！

まつ毛が濃く長い元々の華やかな目元を生かす

目が大きく、まつ毛も長いため目元の印象が強いので、リップは目のボリュームに合わせて厚めに。口元の色はツヤのあるヌーディカラーでバランスを取り引き算。

メイクの詳細はP.246をチェック

少しの変化で明るく華やかなオーラがあふれ出す

——Jさん（40代）

求心顔

p.92参照

自分メイク

求心的な目元のせいかやや生真面目なイメージ

- ✓ 顎が小さく二重顎に見えがち
- ✓ 丸みのある鼻をすっきり見せたい
- ✓ 目元が求心的なのを和らげたい
- ✓ 髪が直毛で動きがない
- ✓ こっくりとした黒髪が少し重たく見える

チェンジメイク

顔に陰影が生まれ垢抜けた今ドキな印象に

ここを変えた！

目にかかる影を作ることで小顔効果がアップ

ふんわりとラウンドさせた髪が少し顔にかかることで、目元に少しだけ影ができて、引き締まった印象に。また奥ゆかしい女性らしさ、ほどよい色気もプラスできる。

ここを変えた！

目の横幅を足して遠心的な目元バランスに

アイシャドウをまぶたの二重幅と目尻の下３分の１にも入れ、目の横幅をさりげなくプラスする。瞳の色に合わせたグレーのアイライナーで、なじませつつも目ヂカラをアップ。

ここを変えた！

チークを横長に入れて遠心的に

目の下のハイライトでくすみをとばし、目元をいきいきさせ、チークを横長に入れることで、顔を遠心的に見せやさしい印象に。

ここを生かした！

品のある黒髪を生かしつつ毛先にカーブをつけて柔らかさを

髪をふんわりさせるだけで、軽やかさが生まれ、黒髪の硬い印象を和らげることができる。また質感もブローでツヤを出すことで、話しやすそうなソフトな印象をプラス。

メイクの詳細はP.248をチェック

CHAPTER

2

「今までで一番、似合ってる」と思える髪型の見つけ方

TIPS 01

メイクと髪型は両方変えると別人レベルに激変する

1章の「実録！ ビフォア・アフター」に登場していただいた方々の激変ぶり、いかがでしたでしょうか？

「ビューティチェンジ」では、ヘアとメイクの両方を同時に変えることでその人の〝今の最高〟を引き出します。

ヘアとメイクを両方、同時に変えることで、それぞれが少しずつの変化だったとしても、相乗効果で予想を超えた大変身ができるのです。しかも、別日に行う事前のイメージセッションで、現在のお悩みや理想のイメージを聞き出した上で、完全オーダーメイドのヘアとメイクのレシピを提案し、それを実現します。だからこそ「なりたい自分になれた」という自信もあいまって、ビフォア・アフターで、最大限の変化が生まれるのです。

では、メイクとヘアの果たす役割とはそれぞれ何でしょうか？

メイクは、一言で言えば、長所を際立たせたり、短所を目立たなく

したりして、本来の顔立ちをさらによく見せる「底上げ効果」を発揮するもの。上級者は、トレンドや好きなテイストを盛り込んだりして自己表現のツールにもできます。

1000人以上のビューティチェンジのお客さまと接してきて思うのは、**多くの方が、若い頃に知ったメイク方法をそのまま続けていて、今現在の自分の美しさを引き出せずにいる**ことです。特にアラフォー以降の方は、ベースメイクやポイントメイクの方法などで、万人が見違えるほど美しくなる黄金法則があるのに、それを知らない方がとても多いのです。これらのメイクの黄金法則については、3章以降で詳しく解説していきたいと思います。

一方、**ヘアの大きな役割は「印象」を操作すること**です。

実は、人の印象の8割を決めるのは、髪型だと言われています。「柔らかい」「優しい」「クール」「知的」「華やか」など、なりたいイメージや雰囲気を手軽に表現することもできますし、小顔に見せるなど顔型補整や骨格補整なども可能です。

TIPS 01
メイクと髪型は両方変えると別人レベルに激変する

また、人に見られているのは前からだけじゃなく360度全方位。だからこそ、髪型は顔以上に自分の印象を左右するのです。ですから、どうしても時間がなくて**優先順位をつけないといけない場合は、迷わず、メイクよりもヘアを頑張った方がいい**とお伝えします。

ただ、ヘアの難しいところは、自分の頑張りだけではどうにもならず、美容師さんとの出会いや相性が大きなファクターになること。自分の印象を最も左右する大きなパーツであるにもかかわらず、自分だけでは作り上げられないからこそ、髪型についての悩みはつきないのかもしれません。

この章では、自分に似合う髪型はどうやって見つけるのか、また、なりたい髪型にしてくれる美容師さんはどうやって探し、どのようにコミュニケーションを取ればいいのか、までを説明していきます。

3段階のチェンジで変身の度合いを見比べてみましょう！

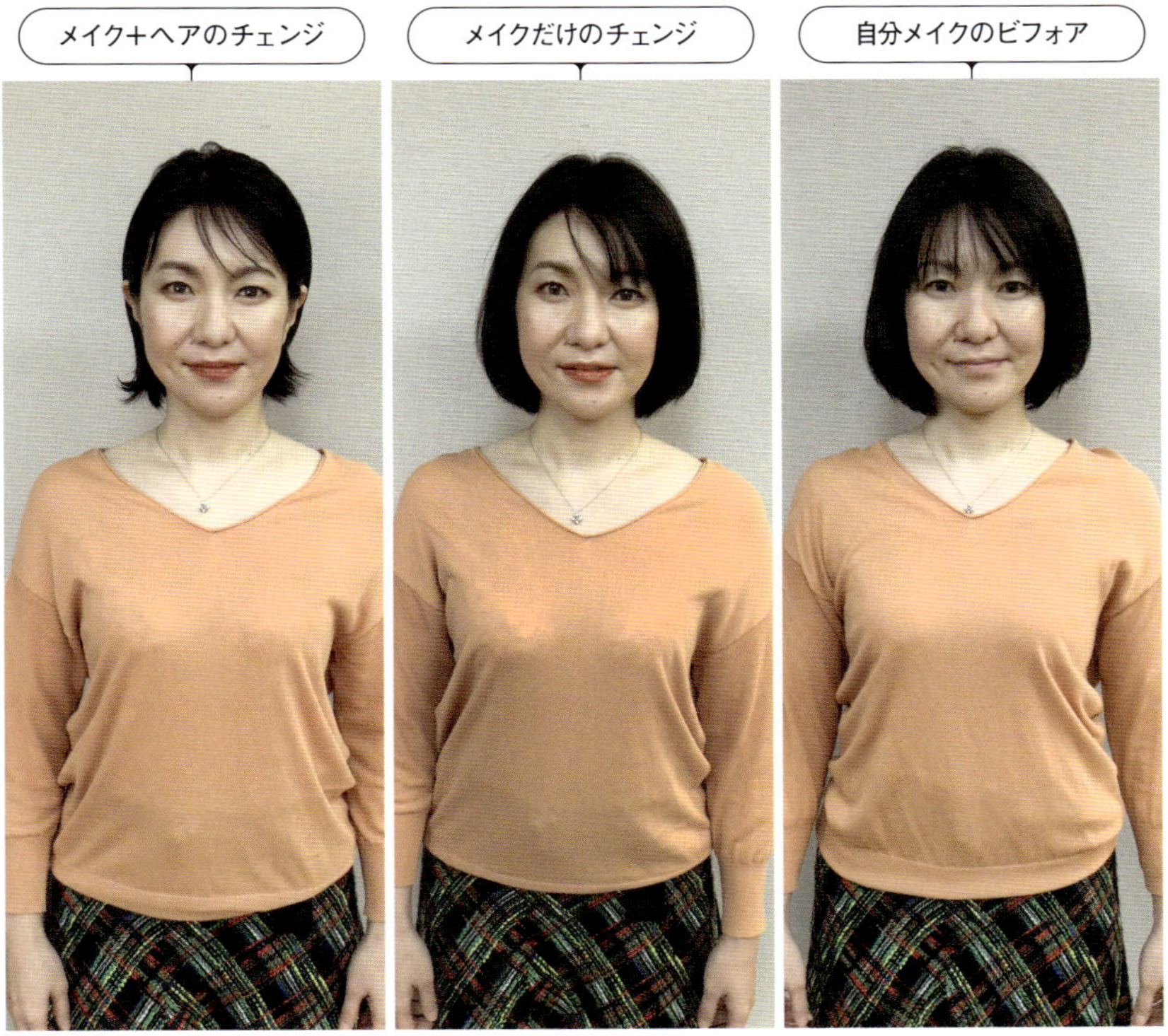

メイクとヘアを少しずつ、両方変えることによって、
別人レベルのイメージチェンジがかなう。

TIPS 02

印象の8割は髪型が決める

街ゆく人を眺めていて、「あの人きれいだな」と目に止まる人っていますす。あるいは、職場や友人の集まりなどで、いつも素敵な◯◯さん……。その人たちがみんな、完璧な美人なのか？　というと、必ずしもそうとは限りません。じゃあ一体、何が「きれい」や「素敵」、「いいね！」と思わせる理由なのでしょうか。

人が第一印象で無意識に他人を見ているポイントは、たいていの場合、雰囲気です。そして雰囲気をかもし出すのは、顔＋髪。むしろ顔よりも、髪と言ってもいいかもしれません。**顔を見ているようで、実は顔の周囲を囲んでいる髪の方を見てその人の印象を受けとっているのです。**

たとえば「あのショートカットの人」とか、「ぱっつん前髪のボブの人」のように、髪型で人を見分け、覚えることって多いですよね。不思議なもので、その日会った人がどんな服を着ていたかは思い出せなくても、髪型（髪の長さや色）はなんとなく思い出せたりします。また髪型ってちょっと変えただけでも「あれ、髪切った？」と、人から気づかれやすいものです。

それだけ、**良くも悪くも髪は印象に残りやすく、その人自身のイメージとオーバーラップしやすい**ものだと言えます。

だからこそ、なりたい自分像と髪型の印象を一致させると、自分が発信したいイメージ、あるいは目指している人物像に限りなく近づくことができます。さらに、周りの人が受け取る自己イメージとのズレが少なくなるので、誤解されることも減り、無理して自己主張する必要もなくなり、うんと生きやすくなるはずです。

単純な例を挙げると、ショートヘアだと「スポーティ」「爽やか」「明るい」「若々しい」「元気」、逆にロングヘアだと「女性らしい」「大人っぽい」「ミステリアス」「華やか」などの印象を持たれがちです。そうやって髪型そのものが持つ印象を自分に取り込んで自分らしさとミックスさせることで、「こうありたい」「こう見てもらいたい」に近づくことができます。

TIPS 03

似合うレングスは、顔よりも「全身」を見て決める

「なりたい髪型」が確固としてある人はともかく、今の自分を一番きれいに見せてくれる「似合う髪型」がわからず、悩んでいる人も多いのではないでしょうか？

似合う髪型、避けるべき髪型のルールが知識としてあると、どっちにしようか迷った時のヒントになりますので、その見分け方をこれからご説明していきましょう。

髪型を変えたいと思った時、まずやるべきことは、大きな鏡で全身のバランスをチェックすることです。誰かに写真を撮ってもらうのもいいかもしれません。「髪型のことなのに全身？」と思われる方もいるかもしれませんが、**身長、骨格、顔の大きさのバランスというのは、絶対に変えることができないもので、髪型、とりわけレングスを決める際の最重要ファクター**なのです。全身鏡を見る時にまず意識したいのが、鏡から2～3メートル離れて、頭のてっぺんからつま先までちゃんと全身を映すこと。これは、自分の姿を客観視するのに物理的にも気持ち的にも最低限必要な距離なのです。

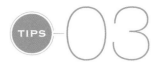

髪が長すぎてバランスが悪くないか、逆に頭が小さく見えすぎて体が太って見えないか、自分の姿を客観的に見て、どのくらいの髪の長さだと一番スタイルが良く見えるかをイメージしてみます。

また、人は、前からだけでなく、横や後ろからの無防備な姿の方が見られている頻度は高いかもしれません。そういう意味でも、髪は全身を構成する一つの要素としてどこから見てもバランス良く（スタイル良く）見えるようなレングスが望ましいのです。

だからヘアサロンで椅子に座った時、鏡に映る上半身だけを見て似合う髪型を決めるのは、どんなベテラン美容師さんでもかなり無茶なこと。美容師さんは、あなたが入店してレセプションに案内され、椅子のあるところまで歩く姿などもさりげなく見てくれていると思います。全身のバランスに加え、仕草や表情もヘアデザインの大切なヒントになるからです。

まずは〝**髪は全身バランスで決める**〟というのを忘れないでくださいね。

TIPS 04

似合う髪型は上半身の骨格と顔の大きさの関係でわかる!

だいたいの全身イメージができたら、次は見るポイントを説明します。見るポイントは大きく2点。**「顔が大きいか、小さいか」と「上半身ががっしりしているか、ほっそりしているか」**。

その2要素の掛け合わせで、似合う髪型はざっくりと4タイプに分かれます。難しく考えすぎないで、パッと見た時の印象で判断してかまいません。自分で判断できない人は、家族やお友達にチェックしてもらってもいいでしょう。

ちなみにこれは、あくまで一般的に「似合う髪型」を大きく分類しただけのものなので、「なりたい髪型」とかけ離れていたとしてもあきらめる必要はありません。どんな髪型でも、その人に合わせてカスタマイズすることで似合わせることはできますし、そこが美容師の腕の見せ所でもあります。診断結果にがんじがらめになると、急におしゃれが窮屈に思えて楽しくなくなってきてしまいます。だから、あくまで参考程度に考えてくださいね。

上半身 × 顔 タイプ
似合う髪型マトリックス

マトリックスの横軸・縦軸のそれぞれ当てはまる□に✓を入れてみましょう。
4つの中で✓が多い方のゾーンがあなたのタイプです。
次のページからは、4タイプそれぞれのおすすめヘアと要注意ポイントを
解説していきます。

【大顔】

□ 人より顔が大きめ
□ 顔が丸いのが気になる
□ エラが張っている

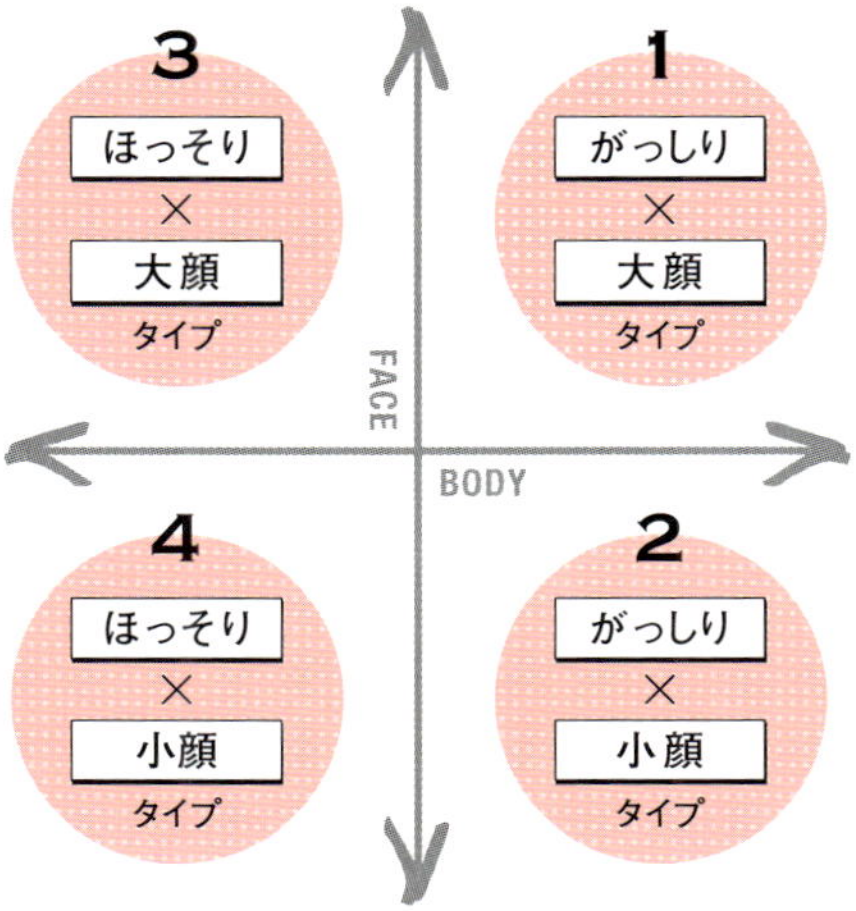

【ほっそり】

□ 体が薄い
□ なで肩気味
□ 首が細長い

【がっしり】

□ 体に
厚みがある
□ 首が太い
□ 首が短め

【小顔】

□ 人より顔が小さめ
□ 面長である
□ 頬がこけ気味

似合う髪型は上半身の骨格と顔の大きさの関係でわかる！

TIPS 04

1. がっしり × 大顔 タイプ

顔と体の均衡が取れているので、工夫次第でどんな髪型でも似合います。
ただし首が短い場合はむっちり感が増すので、丸いシルエットは避けた方が無難です。
ミディアムやボブの場合、前下がりにして顔周りに影を作る、
首筋の髪は沿わせて首を細く見せる、外ハネでくびれをつけるなど、
メリハリを意識するとバランスが良くなります。長めのレングスなら、鎖骨下くらいまでの縦ラインを強調したセミロングもおすすめ。ショートは違和感なく似合うけれど、
丸さがあると途端に老けるので注意した方がいいでしょう。

前下がり顎ラインボブ

半分耳掛け縦長ショート

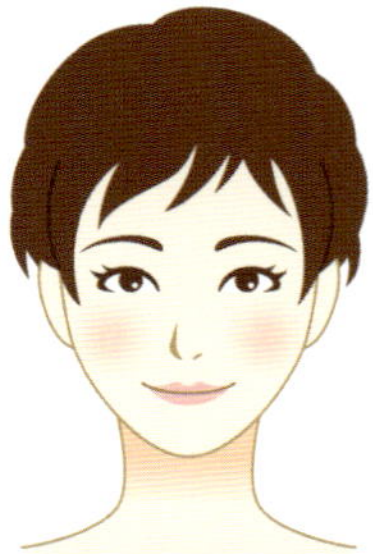
襟足すっきりショート

斜め前髪のミディアム

前髪なしのワンレングス

外ハネのミディアム

2. がっしり × 小顔 タイプ

顔が小さいぶん、対比で体が太って見えやすいので、髪は体に合わせて
ボリュームアップを意識しましょう。パーマでウェーブをつける、
巻いてふんわりカーリーにするなど、量感のある髪型がお似合いです。
逆にひっつめ髪やベリーショートなどのタイトなヘアは、
がっしり体型を強調するので避けた方が無難。長さは、顎下から鎖骨下ぐらいの
重めのスタイルがおすすめです。またバストが大きい人は、
毛先が胸に乗るといやらしく見えるので、乗らない程度の長さをキープして。

斜め前髪のミディアム

前髪ありのワンレングス

ふんわりエアリーボブ

華やかウェービーロング

前髪なしのワンレングス

TIPS 04

似合う髪型は上半身の骨格と顔の大きさの関係でわかる!

3. ほっそり × 大顔 タイプ

華奢な体との対比で顔の大きさが目立ってしまうので、
髪は体のボリュームに合わせて極力すっきりさせるのがバランスアップのコツです。
おすすめは、ショートや顎レングスのひし形ボブ。
毛量が多い人は、毛量調節がマストです。
また顔周りは、透けバングなどで縦のラインを作り、
フェイスラインに影を作ることで小顔効果がアップします。さらに、外ハネや
外巻きなどで首周りをタイトに絞るのも目線が散るのですっきり見えます。

透けバングの顎レングスボブ

襟足すっきりショート

外ハネのミディアム

すっきりショート

くびれセミロング

透けバングのひし形ボブ

4. ほっそり × 小顔 タイプ

体もスリムで顔も小さいので、どんなスタイルも難なく似合います。
このタイプは頭の形(絶壁、ハチ張り)、肩のライン(なで肩、いかり肩)、
首の長さなどを吟味し、きれいな部分は思い切って出す＆強調することで、
さらにバランスの良さが際立ってきます。
またおでこが広めで丸みがある人は、前髪があるヘアスタイルが似合うのでおすすめ。
難易度が高そうなベリーショート、スーパーロングもさらりとなじみます。

ALMIGHTY

何でも似合うので、
自分のきれいな部分を出す&強調する！

TIPS 05

「肩につくくらいの長さ」というオーダーは危険

髪を切る時に「どのくらいまで切ってほしいのか」を自分で具体的に指定できれば、オーダーもスムーズですし、切りすぎなどの失敗は回避できます。

レングスを決める際に大きく関係してくるのは、実は首と肩のラインです。例えば、首が長くてなで肩の人と、首が短くていかり肩の人では、顎から肩までの距離にかなり差が出てきます。実際に同じ「肩につくくらい」のレングスの髪型をオーダーしても、印象としては全く違う長さに見えます。

この、首と肩のラインというのは普段はあまり意識しないので見落とされがちですが、全体の印象を決める重要ポイントであり、なおかつ、このあたりは少し違うだけでイメージが大きく変わるので、ご自分がどっちなのかを知っておくと良いでしょう。だいたい**「髪が伸びるのが遅い」という人は首が長い&なで肩で、「すぐ髪の毛が伸びる」という人は首が短い&いかり肩、ということが多い**です。

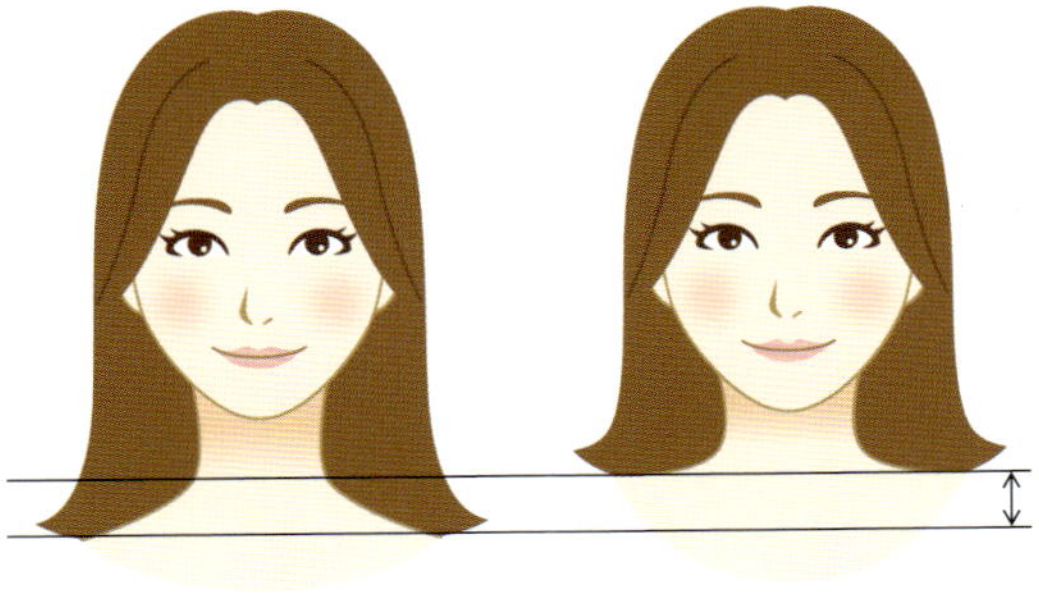

「肩につく長さ」と言ってオーダーしても、首の長さといかり肩かなで肩かによって実際の長さや視覚的イメージは異なってくる。

オーダーの際は「肩につくくらいの長さ」と言うと、仕上がりイメージに食い違いが生じる場合もあるので、**「顎下何センチ」と言った方が具体的で間違いがない**と思います。

形としては、首が極端に短い人は、首を細く長く見せたいので、襟足の短いひし形のショートボブがすっきり見えておすすめです。さらに前髪をなくすなどして顔を面長に見せると短い首を目くらましできます。逆に首が長い人に関しては、レングスは自由度が高いのですが、顔が大きく見えやすいのが難点。そういう人は、たとえば前髪を作ってフェイスラインに影を作るなど、小顔を意識したヘアスタイルがおすすめです。

また首の太さも注意したいポイント。太い人は、首に影をつけると細く見えます。髪を首に沿わせながら外巻きにすると、影ができてすっきり細く見えるので顔と首と体のバランスがうまく取れるようになりますよ。

TIPS 06

おでこが狭くて平たい人は前髪を作らない方がいい

ヘアスタイルにおいて前髪の有無は、かなり大きなウェイトを占めます。**前髪のデザインに関して重要なのは、おでこの形状**です。

おでこの形状は大きく分けて2タイプあり、〝広くて丸いタイプ〟と〝狭くて平たいタイプ〟です。前者は、前髪がちゃんとおでこのカーブに沿うので、おさまりがよく前髪のある髪型が似合いやすいです。例えば女優の安田成美さんのような大人のショートバングは、おでこに丸みがある人にしか向かないデザイン。できる人はぜひトライしてみてほしいですね。

ただ、おでこが広くて丸い人の中には、同時に丸顔コンプレックスを抱えている人もチラホラいます。その場合は、前髪をラウンドしてカットすると顔の丸さを強調してしまうので、毛量調節をして透け感を作る、斜めに流すなどの工夫が必要です。

一方、おでこが狭くて平たいタイプには、あまり前髪をおすすめしません。というのは、前髪を作ってもおでこに沿わないため立って浮いてしまい、扱いが難しいのです。潔く前髪をあきらめておでこを出すか、長めの前髪にして流す方が違和感がないと思います。わかりやすい例を挙げると、女優の井川遥さんがずっと前髪なしの髪型なのはおでこの角度がまっすぐだからではないかと思います。

とは言え、**おでこが狭くて平たくても、どうしても前髪を作りたい場合は、前髪だけにパーマをかける**と多少扱いやすくなります。あるいは、頭頂部の深いところから髪をとった厚めの前髪。ただしおでこが狭いぶん、すぐ伸びて目にかかりうっとうしくなるので、前髪の賞味期限が短いのも事実です。

前髪には流行があります。数年前までは厚くとった重めが主流でしたが、今は肌感が見える透けバングが人気。とはいえ大人の女性は、〝今っぽさ〟をそこそこ意識しつつも、そんなに流行を追いかける必要はないと思います。骨格に合う前髪デザインを知りつつ、臨機応変にトレンドを加えていけるとよいですね。

TIPS 07

髪のツヤも肌の透明感もアップさせる髪色はラベンダー

髪色は、季節や気分に合わせて自由に変えるのもいいと思います。ただ、**40代、50代のツヤがなくなってきた髪とくすみがちな肌におすすめなのは、ツヤ感、透明感があるピンク、ラベンダーなどのカラーです。**アッシュやカーキなどの寒色系は、髪のパサついたイメージを助長するのであまりおすすめできません。

ツヤのない髪は、そもそもキューティクルが開いているので染めても退色しやすいのです。そこで普通のカラー剤に比べて退色しづらいグレイカラー（白髪染め）の出番です。一般的に白髪が出てきたお客さまには、どこのサロンでも美容師さんの判断でグレイカラーに変えていることも多いと思いますが、退色しやすいと感じる方は、自分から「グレイカラーで」とお願いすると良いかもしれません。

昔はグレイカラーはすごく髪を傷めるイメージでしたが、今は随分改良されダメージを心配する必要はほぼありません。また色のバリエーションも増えているので、なりたい色のイメージのまま、妥協することなく染めることができます。

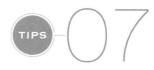

髪色をラベンダーブラウンに変えると上品さがUP!

パサついて見えがちな明るい茶髪を、引き締まって知的に見えるラベンダーブラウンに変えると、ツヤ感がアップして、肌のトーンもワントーン明るく見える。

TIPS 08

フェイスラインの毛で顔の輪郭も変えられる

前髪を含むフェイスラインの髪は、そのヘアスタイルの要です。なぜなら、長さに関係なく顔の輪郭を形作ることができるから。たとえスーパーロングでも、顔型はフェイスラインの髪だけで補整できます。**ですから顔周りの髪の扱いは、綿密に美容師さんと打ち合わせる必要があります。**

一般的に顔型のお悩みで一番多いのが丸顔です。髪でフェイスラインを縁取ると余計に丸さを強調してしまい、垢抜けない印象になってしまいます。**なので、パーマをかけたりコテを使って外ハネ気味にさせたり、毛流れを外側に向けましょう。**顔の形と逆の方向のカーブを作ることで目線が散り、顔型の印象を変えられます。

また顔が大きく見える人は、顔のサイドの余白部分を埋めたいので、短いぱっつん前髪ではなく、長めの前髪をサイドに流して斜めラインを入れ、顔に影をつけるテクニックが有効です。つまり、無理にフェイスラインを隠そうとするのではなく、顔周りに縦方向の直線を入れてタイトにすることで、もたつき感を軽減します。
そして下ぶくれやエラの張りを気にされている方は、斜め前髪と同時に、顎上のレングスで耳横にウェイトがくるひし形シルエットの髪型がおすすめです。

あとは、耳の見せ具合も印象を左右するポイント。耳前の毛はフェイスラインに沿わせて、耳の後ろ側の毛だけを耳にかければフェイスラインには直線を作りつつ少し軽さを加えられます。顔が左右対称でない人は、**片側の髪だけ耳にかけてあえてアシンメトリーな要素を入れることで中和できる**でしょう。

小顔の人におすすめなのは、サイドの髪を全部耳にかけるスタイル。さらにすっきり感がアップします。

一般的に耳を見せた方がいいかどうかは、毛量や髪の生え方によるところも大きいです。髪が少ない人は無理に髪を耳にかけると貧相になるので、バランスを見ることが肝心です。

TIPS 09

美容師はひとりに決めなくていい

お客さまとお話ししていて気づくことがあります。それは、本当に気に入る髪型に出会う手前で、あきらめて妥協している人が多いこと。

その理由の一つとして、過去に美容師さんに「髪質のせいでその髪型はできない」と言われ、選択肢を極端に狭めてしまっていることがあります。

あるお客さまは、長年くせ毛に悩まされてきました。ずっとお願いしている美容師さんに「くせ毛だから無理です」と言われ、本当にしたい髪型ではなく、限られた範囲のスタイルでいつも妥協していたのだそうです。美容師によって、解釈も技術も異なるので、一人の美容師さんに言われたからとあきらめず、理想の髪型にしてくれる美容師を探し続けましょう。

もちろん、今の美容師さんに満足しているなら、なりたい髪型についてわかりやすく伝える努力をするのが先決です。しかし今の髪型に満足しておらず、マンネリを感じているなら、思い切って美容師さんを変えてみるのもひとつの手ですが、お客さまの中には美容師を変えることに罪悪感を感じる方が多くいらっしゃるようです。

レストランやマッサージなら、あまり罪悪感もなく、違うところに行くのに、美容師を変えることには浮気するような罪悪感を感じるって、不思議ですよね。違う美容室に行くことに後ろめたさを感じることはありません。複数の美容師さんに「私にどんな髪型が似合いますか？」と聞き、セカンドオピニオン、サードオピニオンを集めるのも、おすすめです。

他の美容室に行って、やっぱり元のところが良かったと思えば、「時間がなくて近所にパッと入っちゃったけど、やっぱり〇〇さんのスタイルが好き」と伝えて戻ればいいのです。また、カットはこの人、カラーはこの人、と得意分野に合わせて、お気に入りの担当美容師さんをたくさん見つけるのもおすすめです。

今の髪型に満足していなかったり新しい変化や提案がほしい場合はもっと気軽に美容師さんを変えていいと私は思います。

TIPS 10

素敵な髪型の人を見たら「どこで切ったの?」と聞く

あなたは、どうやって美容師さんを探していますか？ヘアカタログやインターネットなどが多いかもしれません。それももちろん参考になりますが、実は、自分に合う美容師探しでいちばん役に立つのが、身近にいる素敵な髪型の人をよく観察することです。

あなたはその人のことを360度どこからでも見られるので、上手にカットされているのかをある程度判断できると思います。またコンスタントに顔を合わす関係であれば、切りたての髪、1ヶ月後、2ヶ月後など、伸びた時にどんな風になるのかもチェックできます。**その人が髪型を変えた時も、常に素敵だと思うのなら、その美容師はあなたの希望の髪型を理解し、かなえてくれる腕とセンスを持っているということだと思います。**

思い切って「誰に切ってもらっているの?」と聞いてみましょう。聞かれた方も、本当におすすめできる美容師なら、きっと丁寧にいろんなことを教えてくれると思います。

ヘアカタログやネットでは、その美容師さんが作ったヘアスタイルは写真でしかわかりませんし、また、その美容師さんとの性格的な相性などもわかりません。

しかし自分自身が素敵だと思う知り合いが、実際に切ってもらっている美容師ならば、技術はもちろんのこと、性格などについても事前に聞いて確かめることができるので間違いがありません。


ちなみに自分にとって相性のいい美容師さんを探す時に美容師の経験年数や肩書きにはこだわる必要はありません。美容師歴が長くて経験値が高いからこそ、自分スタイルを押し付けてくるパターンもありますし、若手でも一生懸命で素直な姿勢を持った美容師さんの方が、本当にやりたい髪型を理解してくれる場合もあります。

TIPS 11

インスタで感性の合う美容師を検索する方法

周りに素敵な髪型の人が思い当たらない場合、インスタグラムを駆使して探すのもおすすめです。今はほとんどの美容師さんが個人のインスタグラムアカウントで作品を載せているので、感性が合う美容師を探すのはそんなに難しくないはずです。

美容師は、自分の〝売り〟や〝得意分野〟をインスタグラムでアピールしています。その人が自信を持っているポイントがハッシュタグになっているわけです。

レングスで得意なものがある人は、#ショート、#ミディアム、#ロング、#ボブなどの具体的レングスをハッシュタグに入れている場合が多いですし、施術のアピールなら#小顔ヘア、#前髪カット、#似合わせカット、#透明感カラー、#ニュアンスパーマなどの言葉が入ってきます。あなたが気になっているイメージ、例えば#モテ髪、#好感度ヘアなどで検索するのもいいと思いますよ。

また**意外と気になるのは、その美容師さんが扱っているお客さま**

の年齢層です。「行ってみたらすごく若い子向けのサロンだった!」というのは、ちょっとアラフォー以降には居心地が悪いので、大人向けのヘアが得意な人を探すのもいいことだと思います。その場合は、**#40代ヘアスタイル、#大人ヘアなどで検索すると、ぴったりの美容師が見つかるかもしれません。**

気に入るスタイルを何点かにしぼり、それぞれの美容師さんが自身のインスタグラムで載せている作品をいっぱい見ていくと、なんとなくその人のセンスがわかってきます。プロフィール欄でも、「クセ毛をなんとかします」「カウンセリングを大事にします」「簡単なスタイリングで決まる髪を提案します」など、売りを書いていることが多いので必ずチェックしたいところです。

自分が求めるものにひとつでも当てはまるものを提案している美容師さんを見つけたら、思い切ってそのサロンに行ってみましょう。自分が好きなテイストを作れる美容師の提案であれば、きっと受け入れやすいと思いますよ。

TIPS 12

美容師に力を120％発揮してもらうオーダー方法

美容師さんとのコミュニケーション、あなたは満足していますか？

ビューティチェンジのセッションから実感していることですが、ご自分の要望や意見をきちんと伝えられないとおっしゃるお客さまは、とても多いです。おそらく多くの方は「こんなものかな」と、美容師からの提案を黙って受け入れているのではないかと思います。

先日、ビューティチェンジに来られた地方在住のあるお客さまから伺ったお話です。「20年くらい通っている地元サロンの美容師さんが慣れてきちゃって、最近はカウンセリングも施術もかなり適当。もっと丁寧にやってほしいけれど、親しくなりすぎて言いづらい」とのこと。ずっと同じサロンに通われていると、似たような状況を経験された方もいらっしゃるのではないでしょうか。

私は自分の髪については、勉強とリサーチを兼ねて毎回新規のサロン・新規の美容師さんにお願いしています。そこで感じるのは、**美容師さんも関係性がまだできていないうちは、お客さまの現状の**

イメージから大きくはみ出るようなスタイルは提案しづらいということ。はっきりと大きなスタイルチェンジの要望をしない限りは、現状の範囲の中での底上げのスタイル提案が多いように感じます。

長年の付き合いで〝なあなあの関係〟になって適当にされるのも、思い切って新規で行ったのに恐る恐るハズレのない範疇で提案されるのも、どっちも「きれいになる」「なりたい自分になる」というゴールには近づけないと思います。

せっかく、カット代、交通費等のお金をかけ、時間を捻出して美容室に行くのですから、美容師さんが持つポテンシャルを120％出してもらって、自分がなりたいイメージに近づきたいもの。そのためにどうコミュニケーションを取ればよいのかをP.75にまとめましたので参考にしてください。

中でも最も大事なのが、**今のイメージを変えずに底上げしたいだけなのか、全然違うテイストでも似合うものがあったら逆に提案してほしいのかを自覚し、ちゃんと美容師さんに伝えること。**これによって、美容師はどの程度の提案をすべきなのかがわかり、お客さまの最終的な満足感につながります。

また、「周りから優しく見られたい」など、**なりたい雰囲気を伝えるのも美容師にとって大きな手がかりになります。**さらに、女性は、転職、結婚、出産などで環境が変わるので、「今は子育て優先だからスタイリングは時短がいい」など、ライフスタイルの優先順位を明確に伝えるのもポイントです。

具体的なところでは、前髪や全体のレングスの希望も必要です。これらの決め方についてはこれまでお話ししてきたこともふまえた上で、迷っている場合は「迷っているから似合うものを教えてほしい」と、たずねた方が早いかもしれません。

髪は洋服のように気にいらないからといってすぐに着替えられないから、一度切ると2~3ヶ月はそのままです。だからこそ、おまかせにしすぎないで、積極的にコミュニケーションを取っていきましょう。

美容師さんに伝えたい10のこと

❶ 過去1年くらいのパーマ、カラーなどの施術歴

❷ レングスをどうするか
（どこまでなら切っていいいか、結べる長さはほしいなど）

❸ 前髪、フェイスラインをどうするか

❹ 今のイメージのまま底上げしたいのか、
全然違うテイストでも似合うものを提案してほしいのか

❺ 見せたい印象
（優しい、知的、セクシー、可愛い、クールなど）

❻ やりたくない髪型、嫌いなテイスト
（自分と同じくらいの髪の長さだけどこの部分が嫌など具体的に）

❼ コンプレックス
（ココを隠したい、ココを目立たせたくないなど）

❽ イメチェンしたい理由
（転職、婚活など、伝えることでイメージを共有できそうなこと）

❾ 日々のスタイリングにかけられる時間
（なるべく時短でなど）

❿ セルフでできることの範囲
（ブローが苦手、ワックスをもみ込むくらいしかできない、コテは使えないなど）

TIPS 13

「なりたい髪型」の写真は1枚ではなく複数枚持っていく

美容師さんに髪型をオーダーする時、なりたい髪型の写真を持っていって見せるのは基本です。写真は言葉よりも具体的で、イメージを共有しやすいのでコミュニケーションの助けになるはずです。

ただ、**自分でも気がついていなかったけれど「なりたい髪型」だと思っていたものが、「なりたい顔」だった、ということはよくあります。**そこを混同すると、同じ髪型にしてもらったのに、なんだかイメージが違う……ということになりがちです。ですから、なりたい髪型の写真は**1枚ではなく、違うモデルの写真を複数枚持っていくのがいいでしょう。**それぞれのイメージが多少違っていても、美容師からすると、何枚も写真を見せてもらうことで共通点が見えてくるので、とてもいいヒントになります。

「この前髪がいい」とか「この髪色に挑戦したい」など、部分的ニュアンスを伝えるのにも写真は役立ちます。「やさしげに」、「大人っぽく」、「色気を少し」など、言葉で印象をプラスして伝えるとより的確にイメージできると思います。

さらに、**「絶対やってほしくないのはこんな髪型」という、なりたくない髪型の写真も見せた方がいいでしょう。**ポジティブはもちろんですが、ネガティブなニュアンスの共有ってすごく大事。美容師にとって大きな手がかりになると思います。

そういう意味では、逆に美容師さんが「こんな感じ、お客さまに似合うと思うんですよね」と写真を見せてきた時も、ただ受け入れるのではなく、ちゃんと反応したいもの。美容師からの提案を断れない人は多いですが、写真に対してだったら「いや、ちょっと違います」と、たとえ否定の意見でも言いやすいと思います。

「ヘアスタイルを素敵にしたい」という、お客さまと美容師の共通のゴールに向かって、前向きな気持ちで意見しあうことを怖がらないでいてほしいと思います。

TIPS 14

「この時の髪型に」と昔の自分の写真を持っていくのはNG

過去の人生の中で、一番褒められた髪型ってどんなものですか？　褒めてもらえてうれしかった感覚はずっと残っているから、「そうだあの時の髪型、もう一度やってみよう」と思われるかもしれませんが、それだけはおすすめしません。なぜなら、人はいろんなものが時間の経過とともに変化していくからです。

そういう変化の積み重ねがその人の外見を作っているので、昔似合った髪型が今似合うとしたら、それは時間が止まっているということか、ちょっと不自然なことであるように思います。

肌質も髪質も変わっているので物理的に無理があるというのがいちばんの理由ですが、もっと言うなら、**髪型で若かった頃の自分に戻ろうとすると、無理している感じ、垢抜けない感じの外見になる可能性が高いです。**

少し厳しいことを言いましたが、大人の女性だからこそ、今の自分を直視することから逃げないでほしいです。髪にツヤが失われ、髪の毛が細くなり、くせが出てきた、毛量も昔に比べて減ったなどというお悩みの声も聞きます。肌もシミやシワは増える一方ですし、重力の影響で皮膚が下がってきたりもします。

そんな今の自分の外見を客観的に見た上で、「一体何が似合うのか」「好感度のある髪型はどんなものなのか」を、ポジティブに追求していってほしいと思います。変化を受け入れつつも前向きに考えていくことは、大人のおしゃれの醍醐味だと思います。

なりたい髪型を伝えるのに写真を見せるのは有効な方法、というお話をしましたが、それはインスタグラムで見つけた素敵な人や雑誌のモデルさん、ヘアカタログに載っている人など、自分ではない他の誰かの写真のことを指しています。だから、くれぐれも〝昔の自分の写真〟を持っていかないでください。

常にフォーカスすべきは〝今〟です。自分史上最高に素敵な髪型を、一生更新し続けていきましょう！

TIPS 15

女性は一生に3回、髪質や毛量が変わる

日々鏡を見ていても、あまり変わらないように見える髪質や毛量ですが、実は知らないうちに変化することがあります。**女性の髪質が大きく変わるタイミングが初潮・出産・閉経です。これは女性ホルモンのバランスが大きく変動するのが原因です。**

人それぞれ、変化の大きさの違いはあると思いますが、特に閉経前後の40代後半から50代にかけて、髪のキューティクルが開きパサついた乾燥毛になる、ツヤが失われる、縮毛っぽいチリチリの手触りになる、切れ毛や抜け毛が多くなるなど、目に見えてネガティブな変化が増えていきます。多くの人で白髪が増えるのも同じくらいの時期だと思います。

髪質変化の原因は、ほかにも無理なダイエットによる栄養不足、毛穴の詰まり、繰り返すカラーリングやパーマ、ストレス、ドライヤーの熱などが挙げられますが、ホルモンバランスによる髪質変化だけは、避けようにも避けられません。まずは、昔の自分のイメージにとらわれないで、今現在の自分の髪質や毛量を正確に知り、受

け入れるところから始めましょう。その上で、少しでもきれいに見せるポイントを見つけていくのが大事です。

白髪については、こまめにカラーリングをするしかありませんが、最近は徐々に染まるトリートメントタイプのホームカラーなども出てきましたので、次に美容院に行くまではそういったものでしのぐのもいいでしょう。**また、目立つ白髪は、液が乾いてきて捨てる寸前の目元用のマスカラが役に立ちます**。捨てずにとっておいて、生え際や分け目などの目立つ短い白髪にさっとぬると、瞬間的に白髪を隠すのに便利です。

もうひとつ、アラフォー以降の女性に多い髪質の悩みが、薄毛に伴うボリュームダウンです。手っ取り早くふわっとボリュームアップさせたいなら、パーマをかけるのがいちばんだと思います。手入れも簡単になりますし、おすすめです。もっと日常的な方法でのボリュームアップについては5章のお悩み対策のところでも説明していますのでご覧ください。

TIPS 16

年を取っても ロングが似合う人は激レア

おしゃれでツヤっぽいロングヘア、素敵ですよね。だからあまりネガティブなことは言いたくないのですが、はっきり言ってアラフォー以降のロングヘアの難易度はかなり高い。最難関のヘアスタイルのひとつと言っても間違いではないでしょう。

もちろん、女優の萬田久子さんのような素敵なロングヘアの方はいらっしゃいます。でもそれは、**お金をかけてこまめにメンテナンスを受けている方か、元の髪質がいい方に限られます。**

40代以降、うねりが出てきたり、ツヤがなくなってきた髪は、広い面積で髪を見せるロングヘアには耐えられません。毛量が減ってトップもペチャッとしているので、長いだけだと余計に老けて見えますし、白髪が混じってきたパサパサのドライヘアは、残念ながら清潔感が失われています。まとめ髪にしても、髪の量が減っているせいで、なんだか疲れて見えます。

美しいロングヘアをキープするには、こまめなトリートメントやブローのテクニックが必要だったり、時間とお金がかかるので忙しい大人の女性には不向きです。

ずっとロングヘアにこだわりを持って、長年長い髪をキープされてきた方が、切った瞬間に「若返ったね」と言われたなんていうエピソードを聞くと、やはりロングヘアが似合い続けるのはレアなことなんだと気づかされます。

そう考えると、大人の女性には髪質のマイナス面を最小に抑えるショートからミディアムボブくらいの短めのスタイルが人気なのも納得できます。実際、**レングスは短めでも、パーマで柔らかな動きを足したり、カラーでツヤをプラスすることで女性らしいスタイルは実現できます。**

50代以降の女性を見ていると、年齢が上がるにつれショートトレングス率が上がっていきます。その理由は、年齢による変化を経てもいちばんきれいに見えて清潔感のあるスタイルがショートだからでしょう。逆に言えば、ロングヘアは、髪質がいいうちに、やっておきたい髪型、とも言えますね。

TIPS 17

髪のツヤは
ドライヤーの使い方で出せる

街ゆく人を見ていて、「惜しい！」と思うことがよくあります。それは、素敵な洋服とメイクに対して、ヘアだけがお手入れ不足のパサパサ髪、というパターン。

前項で、髪のツヤは、髪色に左右されると話しました。明るい髪色と暗い髪色だと、暗い方がしっとりとした潤《うるお》いを感じさせることができますし、暖色系の方がツヤを感じます。ダメージヘアで色も抜けきってしまっている人は、ダークな暖色系の締め色に染め直すだけでもツヤ感や気品を手に入れることができます。

そして髪色以上にツヤに影響を及ぼすのは、日常のセルフスタイリングです。**基本は、髪を絶対に自然乾燥させないこと。自然乾燥は、髪が濡れてキューティクルが開いた無防備な状態が長いということで、ダメージを受けやすい**のです。濡れたまま眠ってしまって枕と髪が摩擦している、なんて最悪です。きちんとドライヤーで乾かしたのち、ブローをしてから少量のオイル（毛量の少ない人は必

ハンドブローで髪を乾かす際、上から下に向かって45度の角度でドライヤーの風を当てる。この角度はキューティクルの流れにも沿うので髪にツヤが出る。

要ない）をなじませる、というのを習慣にしましょう。

髪の乾かし方は、髪をタオルドライするところからスタート。洗い流さないトリートメントを傷みやすい毛先を中心に塗布し、ドライヤーの熱から髪を守ります。ドライヤーの温風は、髪から15センチ以上離して、髪の流れに対して45度の角度で、根元に当てていきます。

乾くのに時間がかかる根元から重点的に乾かしていくと、乾かしすぎを防げます。**また頭を下げながら、後頭部、トップ、前髪の順に、後ろから前に向かって乾かしていきます。**

全体的に乾いたら、最後に冷風をまんべんなく当ててクールダウン。冷風で冷ましてキューティクルを引き締めることで、ぐっと髪にツヤが蘇《よみがえ》ります。

必要であれば仕上げに少量のオイルを使ってください。お好みでワックスなどに混ぜて使うのもありです。

TIPS 18

劇的進化を遂げたヘアグッズで美髪になる

加齢によるうねり、縮れ、乾燥によるパサつきなど、髪質の変化のせいで「老けた印象になった」「できるヘアスタイルが狭まってきた」「トリートメントだけでは追いつかない」という人にぜひ試してみてほしいのが、進化系ヘアツールの数々です。

ひと昔前までは、ドライヤーもヘアアイロンも、熱を加えるタイプの機械系ツールは使い方によっては髪を傷めるものになるから、使う頻度や方法を工夫しないといけませんでした。しかし、〝髪にツヤが出る〟とか〝髪の水分量がキープできる〟など、髪へのダメージを気にするどころか、**むしろヘアケア的な働きまでしてくれるアイテムも多数登場しています。**

こういったツールは、専門家の科学的な見地とメーカーの開発努力の賜物だと思いますが、今までお金と時間をかけてもうまくいかなかった髪の悩みを瞬時に解決できる可能性があるという意味で、本当にありがたいものです。

私も愛用していて、お客さまの間でも好評を得ているいくつかの

髪の美しさを保つ185℃の熱がブラッシングするだけで髪に均一にいきわたるDAFNI go。適度なテンションをかけて美しいストレート毛に仕上げる。逆毛でボリュームアップも。

アイテムをP.227でもご紹介しているので、ぜひチェックしてください（上記のヤーマンのDAFNI goも掲載）。**思い切って手に入れたらずっと使えますし、何よりも毎日効果を実感できるのできっと満足していただけると思います。**

また、お客さまの中には「スタイリングが苦手」という方は結構いらっしゃいます。そういう方におすすめしたいのがY.S.PARKのカーボンタイガーブラシです。これは美容師がプロのために開発したロール型のヘアブラシで、電気コードでつなぐタイプではないのでいつでもどこでも使えます。簡単にプロ並みのスタイリングができる理由は、高密度な植毛ブラシが毛束をしっかりキャッチするので力を入れなくても髪にテンションがかかりやすくなるから。ストレート毛で髪が滑りやすくブラシに絡みづらかったという人は、きっとその使いやすさにびっくりすると思います。仕上がりも本当に素晴らしく、誰でも簡単にきれいな艶髪になりますよ！

CHAPTER

3

アラフォーメイクの常識は
間違いだらけ！

TIPS 19

やりすぎ、やらなさすぎが「洗練」を遠ざける

これまで多くの一般のお客さまと接する中で、特にアラフォー以上の方が共通して間違えがちなメイクの常識があることに気づきました。若い頃のメイク法をそのまま続けていたり、コスメに関する知識が更新されていなかったり。ちょっとしたコツを知るだけで驚くほどの効果が出るのに、知らないまま、毎日のメイクを続けているのは、本当にもったいないことです。

ここからは、多くの方が間違えがちなメイクの思い込みや、意外に知られていない万人を美しくするコツを紹介していきたいと思います。このルールを取り入れるだけでも、あなたのビフォア・アフターはかなり激変するはずです。

今の大人世代を見ていると「メイクをやりすぎ」か「やらなさすぎ」かに、二極化している気がします。若い頃からメイク好きな方は、シワ、シミ、たるみなど、肌にアラが出てくると、「隠したい」「カバーしたい」という気持ちに振り回され、ファンデーションの

厚塗りや濃いアイメイクなどにつながってしまうよう。すべてのパーツに全力投球した緩急のないメイクは、いかにも頑張っている感じがして、ちょっと古い人に見えてしまいます。

一方で、若い頃からあまりメイクをしない方は、子育てや仕事などで自分の時間がなくなるにつれ、さらに手抜きになってくるので、すっぴんのように見えている人も多いのです。本人はメイクをしているつもりでも、他人からは、ノーメイクに見えてしまいます。

どちらも、**なんとなく惰性で長年同じメイクを繰り返していると、顔とメイクが合わなくなっていることに気づけない**のです。

今のあなたに必要なメイク＝自分史上最高に素敵な顔を手に入れたいなら、思い切って今までの自分のやり方を手放してみましょう。

大人の女性が望む「洗練された印象」を身につけるためには、間違ったやり方や古い常識を常に軌道修正し、バランスのとれた客観的視点で自分の顔を見る意識が、何よりも大事です。

TIPS 20

自分の顔が「求心的」か「遠心的」かを知る

なりたい顔にメイクで近づいていくためには、自分の顔が持つ客観的な特徴を知っておくのが大切です。

私はメイクをする前に、人の顔を求心的か遠心的かでまず見ます。そうすると、メイクで補うべきポイント、生かすべきポイントが明確に見えてくるわけです。P.94にチェックリストがありますので、自分が求心・遠心どちらに当てはまるのかを確認してみてくださいね。

パーツが顔の中心に寄っている求心顔は、大人っぽい、知的、クール、勝気というイメージを人に与えます。ちなみに求心顔の芸能人は、井川遥さん、北川景子さん、前田敦子さん、観月ありささん、小泉今日子さんなどです。

またパーツが外側にある遠心顔は、子どもっぽい、やさしい、可愛らしい、愛嬌があるといったイメージです。遠心顔の芸能人は、永作博美さん、菅野美穂さん、宮﨑あおいさん、上戸彩さんなどです。

メイクは、自分の顔が持つ本来の方向性と反対の要素を少し入れると洗練された印象になります。

例えばパーツが寄っている求心顔であれば、眉間の間を広げ、目頭の位置を強調しないで、目尻の位置を外側に持っていく遠心的な視覚作用のあるメイクをします。パーツが離れた遠心的な顔なら、目頭の内側を強調し、眉頭同士をほんの少し近づけて求心的な要素をプラス。そうやって、相反する要素をミックスして自分の顔にちょうどいいバランスを探っていきます。もっとも、求心的か遠心的かで効果的なメイクというのはあくまで基本に過ぎず、なりたい顔のイメージによってさらに細かく枝分かれしていきます。

この後も、求心・遠心に分けてメイクのノウハウを記述している箇所があるので、まずは自分の顔が求心的か遠心的かを意識しながら読み進めていってください。

自分の顔が「求心的」か「遠心的」かを知る

TIPS 20

求心顔・遠心顔の見分け方リスト

自分が当てはまるところに✓を入れます。
✓の数が多い方があなたの顔のタイプです。

求心顔

- □ 顔の中心にパーツが集まっている（特に目）
- □ 立体的（鼻が高い、頬骨が高い）
- □ 西洋人的な骨格（骨を感じる）
- □ 濃い顔、彫りが深い
- □ 老けて見られることがある
- □ どちらかというと男顔

遠心顔

- □ 顔のパーツの間隔が広い（特に目）
- □ 平面的（鼻が低い、頬骨が出ていない）
- □ 東洋人的な骨格（骨を感じない）
- □ 薄い顔、のっぺりしている
- □ 若く見られることがある
- □ どちらかというと女顔

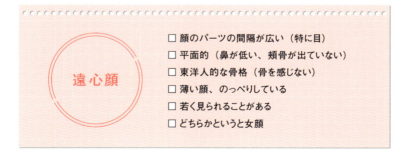

遠心的な顔

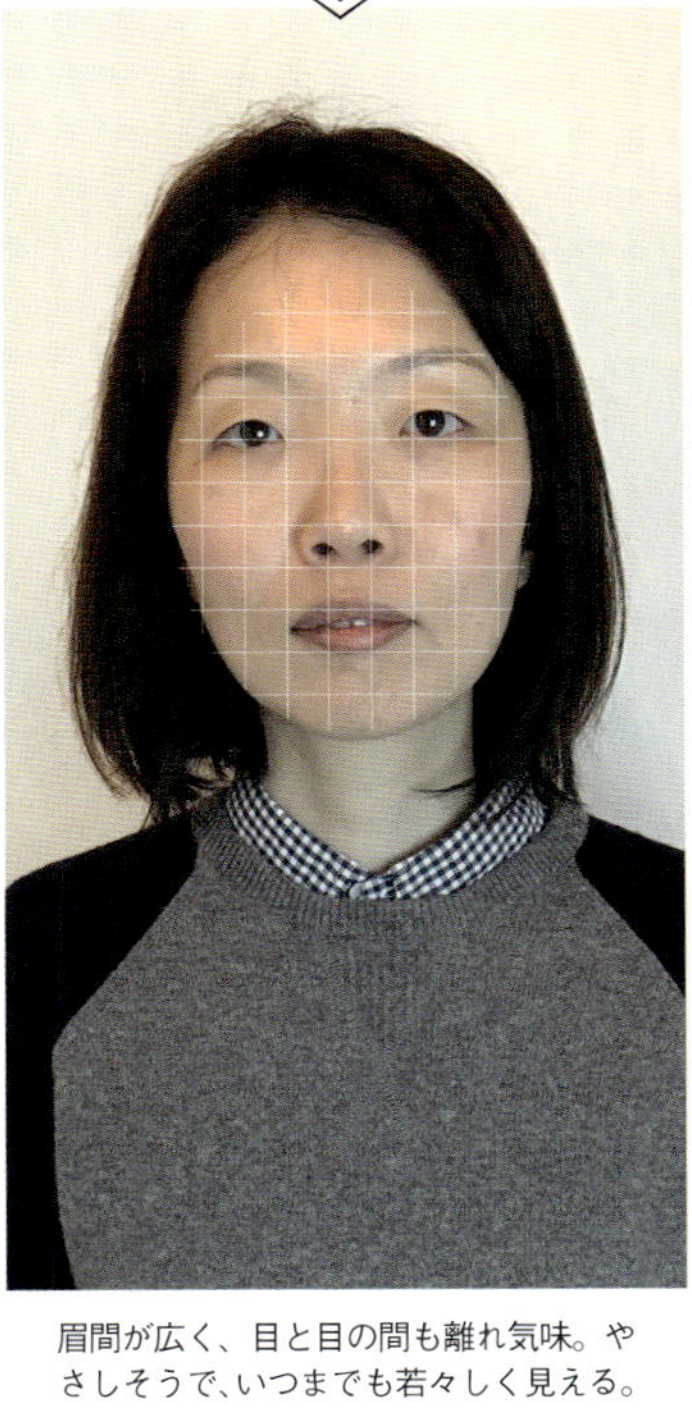

眉間が広く、目と目の間も離れ気味。やさしそうで、いつまでも若々しく見える。

求心的な顔

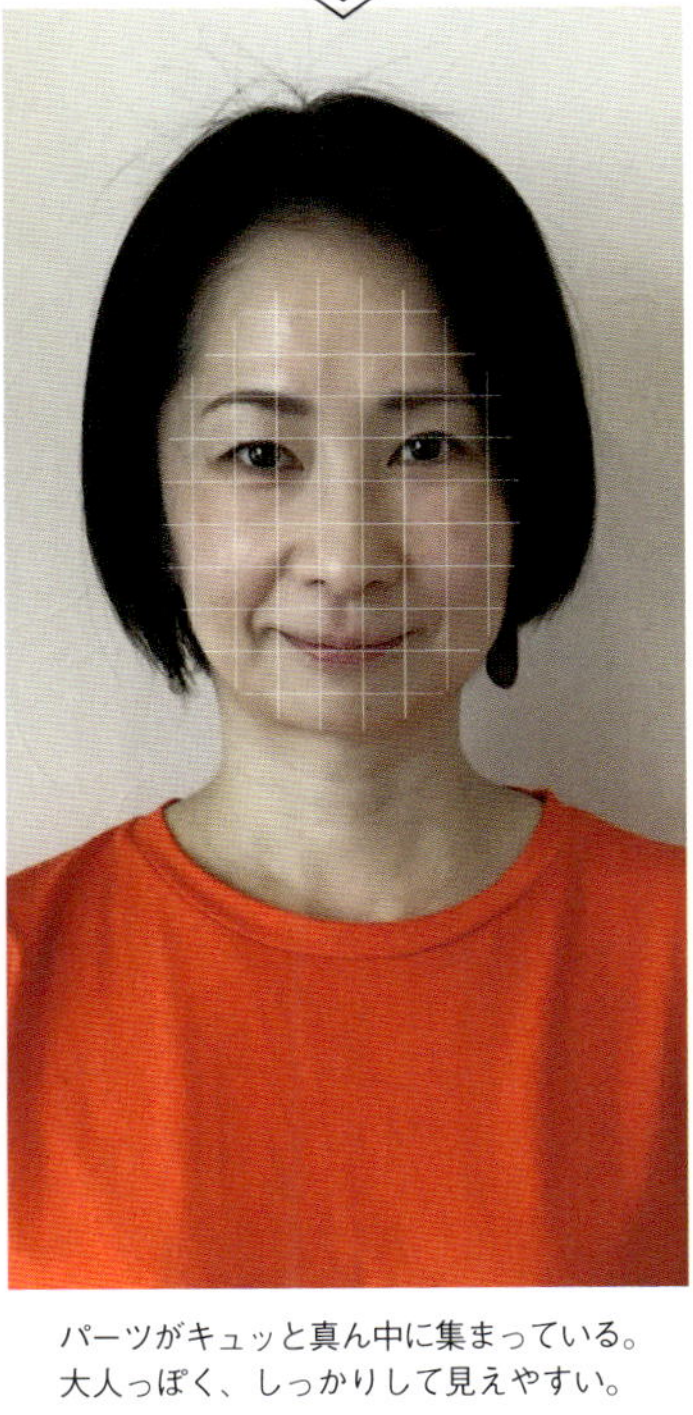

パーツがキュッと真ん中に集まっている。大人っぽく、しっかりして見えやすい。

TIPS 21

必ず、着替えてからメイクをする

慌ただしい毎朝の身支度、あなたはどのような順番でしていますか？　顔だけ洗ってパジャマや下着のまままずメイク、そして、洋服を着替えてから、ヘアのスタイリングをするという方が多いのではないでしょうか？

しかしこの順番、メイクのプロでない限り、実は効率的とは言えないのです。

メイクをするのは、今日出かける洋服に着替え、さらに髪も服に合わせて整えてからにしてください。**起き抜けのボサボサ頭で、パジャマや下着のままメイクを始めるというのは、ゴールがわからずにいきなり走り出すのと一緒。**ゴールとは違った方向に突進した間違いだらけの残念なメイクになりかねません。大事なのは仕上がりイメージをはっきり持つことです。

例えば、Tシャツとデニムのようなカジュアルな日と、ジャケットとボウタイブラウスとタイトスカートのようなかっちり系の日とでは、最適なヘア＆メイクは違います。

服と髪のイメージができると、メイクでやるべきことがわかりやすくなり、やりすぎメイクやちぐはぐメイクに陥ることはないでしょう。メイクに苦手意識がある人ほど、洋服と髪の毛をセッティングした状態で、メイクすることをおすすめします。

ただし、メイクをするためには前髪をあげなければならないので、メイク前のヘアは、イメージがわかる程度にざっくり整えておくだけで大丈夫。メイクを完成させた後に、前髪をおろし、ブローしたり、スプレーで固めたりして、あらためて仕上げてください。

ちなみにスキンケアは、洋服を着替えるよりも前にして、しっかり肌に浸透させる間を置いてから、メイクに取り掛かった方がベターです。メイクの直前にスキンケアをすると、肌に水分や油分がしっかり浸透していないので、ヨレや崩れの原因になります。

つまり、最も効率のよいのは、**洗顔→スキンケア→着替え→ヘア→メイク→ヘア仕上げという順番**なのです。

TIPS 22

大きな鏡で、木よりも森を見る

メイクをする時に覚えておいてほしいことがあります。それは、ミクロの視点で顔を見ない、ということ。

ある日「あれ？　シミ増えたかも」と新しいシミを見つけ、そこからどんどん自分の顔のアラ探しが始まった……なんていう経験は、きっと誰にでもあると思います。自分で自分のアラを探して、気分が明るくなる人はいません。ため息が増えるばかりで、いいことなんてひとつもないです。自分で自分のことをストイックに見すぎると、「カバーしたい」「隠さなきゃ」と細かいところが気になり、メイクはどんどん濃くなっていきがちです。

実際、**人は他人の細かいところはそんなに見ていない**ものです。客観的な目というのは、少し離れたところから全体を見る視線です。だから、メイクする時はなるべく大きな鏡を見てやるのが正解です。女優さんやモデルさんがメイクしてもらっている姿を雑誌やテレビで見たことはありませんか？　手鏡だけでやっている人なんていません。全体がわかる大きな鏡の前に座るのは、バランスを把握しながらメイクすることの大切さを物語っています。

逆に、**自分では見えないけれども人から見られているのは、横顔、瞬きの瞬間、伏し目など、無意識の顔**です。無意識の表情、無防備な瞬間がきれいに見えるようなメイクは、見る人をドキッとさせる本質的かつエターナルな魅力があると思います。

また、笑顔でメイクするというのも心がけたい習慣です。笑った時に顔の高くなる位置を確認しながら、そこに光を集めるメイクをすると生き生きとした印象になるからです。近くで見るとそんなに濃くないのに、遠くから見るとしっかり違いがあるメイクとは、ちゃんと光と影を捉えたメイクのこと。大きな鏡で、顔の上の光と影を正しく把握して、コントロールすることが大事です。

顔の光と影の操り方については、次章でも詳しく説明しようと思います。

TIPS 23

アラフォーにとって最重要なのは「清潔感」を作るベースメイク

年齢を重ねていく中で、知らず知らずのうちに失われていくのが清潔感です。肌や髪などが長年のうちにちょっとずつくすんで（黄ばんで）、透明感がなくなり、全体的にくたびれた印象になってくるのです。

これは、実は女性にとってかなりシリアスな問題です。清潔感がなくなってくると、どんな洋服を着ても、どんなメイクをしても、なんだか疲れた印象でぱっとしない感じになってくるからです。女らしさ、ヘルシーな色気、柔らかさ、華やかさ、爽やかさなど、女性として大切にしたいキーワードがことごとくグラついてくる現象なのです。これでは鏡を見てもテンションが下がりますよね。

では「清潔感」を復活させるためにもっとも大事なのは何なのでしょうか？

私は、「髪と肌のツヤ感と透明感を引き出すこと」だと考えます。

髪も肌も面積が大きいので、パッと見た時に受ける印象に影響が出やすいからです。

髪のツヤの出し方については、前章で説明しましたが、肌のツヤ感と透明感を出すために重要なのは、「ベースメイク」です。ピュアで透明でみずみずしい、赤ちゃんのような肌を作るだけで、清潔感や品を取り戻すことができます。

通常、ベースメイクというと、ファンデーションやパウダーで肌のみを仕上げることを指す場合が多いと思いますが、ビューティチェンジメイクでは、**血色をそえる仕込みチークや仕込みリップを塗るまでを「ベースメイク」**と呼んでいます。要するに、メイクのベース（土台）となる「理想のすっぴん」を作ることを目的としているのです。コンシーラーやコントロールカラーで肌のムラやくすみを消すのはもちろんのこと、頬や唇に自然な血色がある赤ちゃんの肌のような状態を目指しているわけです。

ファンデーションをたっぷり塗り重ねてすべてを隠してしまうのではなく、適材適所に最小限のアイテムを丁寧に使い、みずみずし

TIPS 23
アラフォーにとって最重要なのは「清潔感」を作るベースメイク

い肌を実現していく。そういったミニマムなベースメイクが軽やかさ、透明感の決め手となります。

メイク全体に仮に15分、時間がかけられるなら、そのうちの10分をベースメイクに費やすくらいの覚悟で丁寧に肌を作っていきましょう。多くを塗り重ねる必要はなく、自分自身の肌を愛おしむように、ひとつひとつを丁寧なタッチで確実に仕上げていきましょう。左の図がビューティチェンジメイクの基本的な流れです。この後の頁ではそれぞれの具体的なポイントも解説していますので、参考にしながらやってみてください。

加齢という現実を受け入れた上で前向きなアプローチとして、ミニマムだけど美しい肌作りを意識する。その肌の印象こそが、「自分を大事にしている余裕」を感じさせ、大人の気品にもつながっていきます。

ビューティチェンジメイクの
ベースメイク＋メイクアップの基本フロー

MAKE-UP
理想の顔に
近づける作業

＊眉下シェーディングは求心顔の場合はいらないことも。また全体のシェーディングはどのタイミングでやってもOK。

STEP 8 仕上げリップ P.124～129 P.166～167

STEP 9 眉下シェーディング P.130～133

STEP 10 アイメイク P.136～153

STEP 11 眉 P.154～161

STEP 12 仕上げチーク P.162～165

STEP 13 ハイライト P.130～135

STEP 14 全体シェーディング P.130～133

BASE MAKE
理想のすっぴんを
作る作業

STEP 1 UV下地 P.104

STEP 2 コントロールカラー P.104～109

STEP 3 コンシーラー P.104～111

STEP 4 ファンデーション P.104～113

STEP 5 仕込みチーク P.114～115

STEP 6 フェイスパウダー P.112～115

STEP 7 仕込みリップ P.116～119

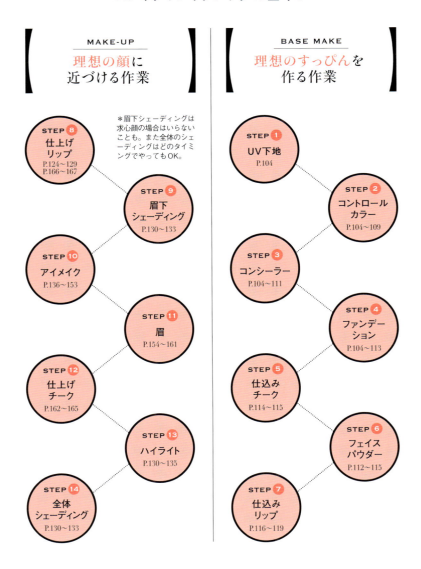

TIPS 24

ファンデは全顔に塗ってはいけない

同窓会に行くと、友達の白塗りが気になることはありませんか？「人の振り見てわが振り直せ」ではありませんが、「きれいに見せたい」と思って気合いが入ると、ついやりがちなのが、こってり厚塗りメイクです。でもこれは、とても古い印象を与えてしまいます。

ファンデーションは塗れば塗るほど古い顔になるのです。ビューティチェンジメイクでは、ファンデは全顔には塗りません。最低限必要なところにだけ塗るのです。順を追って説明しましょう。

そもそも顔には、前面と側面があります。前面の幅は、左右の目尻から目尻までの範囲です。その外側、目尻からこめかみは側面と考えてください。顔を立体的に捉え、前は光が当たり、横は影になる、ということを意識してベースメイクをしていきます。

使う化粧品のＳＰＦ値にもよるのですが、まずは日焼け止めを全顔に塗ります。特に**側面は日焼け止めしか塗らない可能性が高いので、日焼け防止のためにしっかり塗布してください。**

そして次にコントロールカラーです。コントロールカラーはさま

{ PROCESS }

ファンデは、頬の広い部分などにスポンジでポンポンと叩き込んで塗布。

側面には塗らないが、最後はフェイスラインをぼかす。

ざまな種類がありますが、赤みを抑えたい、色ムラを補整したいなど、あなたのお肌の悩みや特徴に合わせて選びましょう。このコントロールカラーを頬の広いところを中心に丁寧に塗り、シミやクマの上にはコンシーラーをのせていきます。

そうしたら、ここで一旦鏡を見てみましょう。「あれ、ファンデ塗ってないのに案外きれいになっている！」と思うはずです。

最後はいよいよファンデの出番ですが、主に顔の前面を中心に足りないと思う箇所（頬、鼻、おでこ、顎先など）に水を含ませて絞ったスポンジで軽く叩き込むだけでＯＫです。

ちなみに、ファンデの色は、すでに肌のトーンが整っているのでほとんどの方が標準色で大丈夫です（自分で色白だと思う方は標準色より一段明るい色でも構いません）。

基本的には顔の前面の一部にしか塗らないので、ファンデーションの使用量はごくわずかです。ですから、夕方になってもメイクがよれたり、汚らしく崩れたりする心配もほとんどないのです。

TIPS 25

ファンデよりコントロールカラーにお金をかける

コントロールカラーは、それひとつで肌に透明感やツヤを出してすっぴんを底上げし、ファンデの使用量も減らすことができる優れものです。

今のコントロールカラーは、質感や色のバリエーションも増えてなりたいイメージに合わせて選べるようになっています。**ぜひ最新のコントロールカラーを使ってみてください。**肌全体をトーンアップするのはもちろん、イエローベース、ブルーベースなどの肌色の補整も簡単にできるので、もはや肌色診断のパーソナルカラーも意味がないほどです。

くすみ肌が気になる人はピンクやラベンダー、赤みが気になる人はイエローがおすすめです。イエローだとちょっとしたシミもカバーしてくれるので、さらにファンデーションが少なくて済むと思います。また肌のツヤだけを出したい時には、ツヤ感だけを出すコントロールベースもあります（P.217参照）。ラベンダー系とイエロー系、余裕があればツヤ系を用意しておくと、季節や肌の状態に合わせて使い分けられて大変便利です。**コントロールカラーを使うと、ファンデーションだけで作る肌よりも、軽さ、ツヤ、透明感が出る**のでアラフォー以降の世代は特に、使わない手はないです。

そして、気になるシミやクマ、顔に落ちた影にはコンシーラーをのせ、毛穴などの肌表面の凹凸は、スムーザーで消していきます。毛穴は縦方向に開くので、皮膚を軽く横に引っ張りながらトントンと叩くようになじませるとフラットな陶器肌に早変わりします。

日焼け止めを塗ったら、まずはコントロールカラー、コンシーラー、スムーザーで肌のアラを修整。これでファンデの使用量がミニマムになり素肌がきれいな人のような清潔感が出てきます。

高いファンデを買うよりも、コントロールカラーやコンシーラーにお金を使った方が、美肌に近づけることは間違いないと思います。

TIPS 26

目の下の三角ゾーンにツヤ感を入れるだけで若返る

ベースメイクの中で特に丁寧に肌作りをしたい箇所があるとすれば、それは目の下の三角ゾーンです。

顔には前面と側面があり、前面は光が当たり、側面は影になる。それによって顔に立体感と小顔効果が生まれメリハリがつきます。だから、ビューティチェンジメイクでは、顔の側面にはほとんどファンデも塗りません。

一方で、**光が当たる顔前面の中で最も光が集まり、なおかつ面積が広くて目立つ箇所、それが目の下の三角ゾーン**というわけです。ここがきれいに見えるかどうかで、顔全体の印象を左右すると言っても過言ではありませんので、まさに力の入れどころです。

ツヤの出るコントロールカラーを三角ゾーンだけに使って、輝きを出すと、すごく健康的で元気な人に見えます。またハッピーオーラが出るせいか、目元の印象もソフトになり、話しやすそうな柔らかい空気感をまとうことができます。

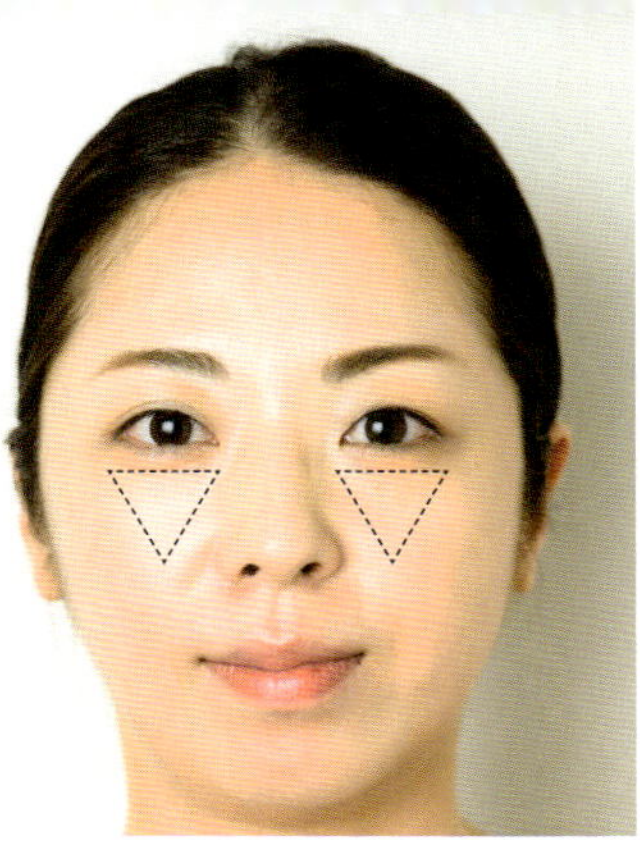

{ PROCESS }

点線で囲まれた部分が目の下の三角ゾーン。この部分は顔の前面の中でも最重要箇所で、光を集めると生き生きと見える。クマやシミがあればカバーし、毛穴が目立てばスムーザーで消す。

さらには、リフトアップ効果も期待できます。頬のたるみやマリオネットライン（口角から下に入る縦のシワ）が気になる人にとっては、それが目立たなくなるほどの目くらまし効果があり、重心が上がって見えるなどいいことづくし！

ベースメイクの要として必ずおさえておきたいポイントです。

ただし目立つ箇所というのは、ポジティブな意味だけでなく、ネガティブな意味でも目立つ可能性があります。

目の下の三角ゾーンに影ができていると、一気に疲れた印象を与えます。またくすんだままだと老けて見えることは確実です。ここにクマやシミなどがある場合は、コントロールカラーで整えつつ、コンシーラーを使って丁寧に色補整をしましょう。

コンシーラーは使い方や選び方を勘違いしている方も多いので、次頁をしっかり読んでみてください。さらにファンデーションで仕上げれば、クマは消えてなくなりますよ。

TIPS 27

コンシーラーは、肌色ではなくオレンジ色を

コスメの中でも減りの遅いコンシーラーは、ずっと同じものを使っている人が多いかもしれません。また、持ってはいるけど、あまり効果がないから使わなくなったという人もいるかもしれません。**そんな人におすすめしたいのが、オレンジ色のコンシーラー**です。これは、今までコンシーラーを信用していなかった人に、「本当にシミやクマって消せるんだ！」という驚きを与えてくれるかなり頼れるアイテムです。

通常多くのメーカーから出ているコンシーラーは肌と同じくらいのベージュっぽいイエローです。イエローはくすみ取りには有効なのですが、シミやクマの場合は地色が暗すぎてどうしてもコンシーラーの上から透けて見えるため、かえって不自然で目立ってしまう場合があります。

シミやクマは明らかに肌よりも暗い色なので、それを肌と同化させるには肌のトーンよりも赤みのあるオレンジが最も効果的なのです。ちなみにオレンジは、小さいものなら傷跡隠し、ニキビ隠しに

{ RECOMMEND ITEM }

意外と使える百円均一のチップ。ヘタってしまったパレット付属のチップを使い続けるよりも、清潔なプチプラのチップを使い捨てする方が◎。

も有効です。

こんなに使えるオレンジのコンシーラーですが、実はあまりなく、現状、私が試しておすすめできるのはＭｉＭＣとエトヴォスから出ているものです（P.218参照）。ぜひタッチアップしてお好みの方を手に入れてみてくださいね。

この2つのコンシーラーは、テクスチャーが硬めなところも使いやすいポイントです。柔らかい質感のコンシーラーは筆で塗ると筋になることが多いですし、だからと言って手で塗ると伸びすぎて結局シミが透けて見えてしまったりします。

ちなみに、**コンシーラーをピタッと肌の上にのせるのにちょうどいいツールは、意外にも100均ショップで売っているチップです。**気になる箇所にちょんちょんとのせるだけでフィットします。

私はコンシーラーの付属のチップや筆よりもこっちの方が使いやすくて好きです。使い捨てできる手軽さ、清潔さも魅力ですし、ぜひ一度使ってみてください。

TIPS 28

ファンデは塗るのではなく叩き込む！

アラフォー世代のお肌は、若い頃と比べるとハリが失われ、重力に逆らえなくなってきています。乾燥しやすくなっていることもあり、常に保湿も意識しないといけません。だからファンデーションはしっとり感が持続しつつ、重くないものがベター。**具体的にいうと、クッションファンデかリキッドファンデがおすすめ**です。

これからファンデーションを買い換える人には、テクニックいらずでツヤ肌がかなうクッションファンデがいいと思います。あらかじめリキッドファンデが染み込んだスポンジに、パフを押し当てて使うので、手も汚れませんし、スキンケアの後にいきなりこれだけを塗布してもなんとか見映えするので、時短メイクとしても心強いアイテムです。また、塗っている間はしっとり感が持続するので、乾燥によるシワが目立つ心配もありません。使い方は、軽くタッピングを繰り返して密着させるだけです。さまざまなメーカーから出ているので、色と質感が好きなものを選ぶといいと思います。

{ RECOMMEND ITEM }

ファンデの薄づき＆密着を叶える人気のスポンジ。タッピングに適したほどよい厚みが使いやすい。ジェリータッチスポンジ ハウス型6P ￥480（ロージーローザ）

普段からリキッドファンデを使っている人なら、使い方をクッションファンデの要領にアレンジするのがおすすめです。**水を含ませて絞った大きめのスポンジにリキッドファンデを含ませて軽くタッピングします。**叩き込めば叩き込むほど、肌にツヤが出て、きれいに密着していきます。

ファンデを丁寧に塗るべき重点箇所は、もちろん目の下の三角ゾーンです。この部分をつややかに仕上げれば、もうメイクが成功したも同然です。

テカリが気になる場合は、さっとパウダーをプラスしましょう。これも全顔に均一にではなく、おでこ、鼻、顎先など、気になる部分のみに、ささっとのせるだけでOK。ツヤとマットのコントラストがある、洗練された顔に仕上がります。

ファンデはメーカーが推奨する使用量の目安にしたがって、全顔に塗っているという人がほとんどだと思いますが、それだと量が多すぎます。少量ずつとって、丁寧に叩き込んでいきましょう。

TIPS 29

仕込みチークは小鼻の横に入れる

ファンデーションを塗ったら次は、肌に赤ちゃんのような自然な血色をもたらす仕込みチークを入れます。ただしここでのチークの立ち位置は、あくまで〝仕込み〟です。ポイントメイクとしてのチークではなく、あくまでベースメイク＝理想のすっぴん、を完成させるための血色を肌に与えるチークなのです。

テクスチャーは、パウダーよりもリキッドやクリームがおすすめ。密着力が高いので自然に肌に溶け込みます。色みは、肌へのなじみがよくほんのりと染まる、ピーチ系（オレンジ＋ピンク）か、くすんだピンク系がおすすめです（P.222参照）。

仕込みチークを入れる位置は、皆さんのイメージよりもかなり低い場所です。小鼻の横と黒目の下の交差するポイントを始点にして、指でのせます。

そして顔のパーツが真ん中に寄っている求心顔の人は外に向かって横長に、顔のパーツの間隔が広い遠心顔の人は少し縦長気味に指

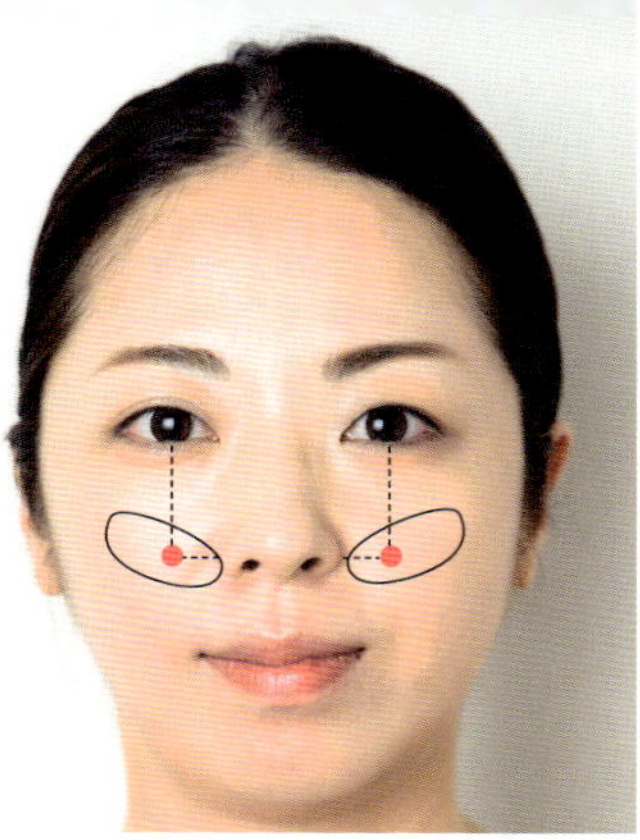

{ PROCESS }

遠心か求心かによって入れる範囲は変わるものの、チークを入れるのは、仕込みも仕上げもピンクの点を始点にだいたい同じこの位置。あくまで仕込みなので濃くならないよう、少しずつ塗布していくのが基本。

で伸ばしていきます。必ず始点から始めるようにして、とんとんと伸ばしていけば、自然なグラデーションができてきれいに見えます。

また**ほうれい線が気になる人は、鼻の斜め下のほうれい線の始まりの位置にも少し仕込みチークをのせると、目立たなくなり、顔がリフトアップして見えます。**このテクはかなり劇的に効きますので、ぜひ試してみてください。

チークはのせすぎると、赤ら顔に見えて垢抜けなくなってしまって、悪目立ちするので、あくまでちょっとずつ、何回にも分けて、様子を見ながらのせていくといいでしょう。

お風呂あがりに少し上気したような、自然な赤みが肌にうかびあがってきたら、それでOKです。

仕上げにフェイスパウダーをくずれやすい部分やテカリやすい部分にさっとブラシでのせて程よいツヤを残すと若々しい肌が完成します。

TIPS 30

最重要の仕込みリップでベースメイクは完成

ベースメイクの最後は、仕込みリップです。「ベースメイクなのにリップ？」と思われるかもしれませんが、ベース＝理想のすっぴん、を作るには、唇の血色がマストだからです。

しかも、この仕込みリップは、ベースメイクの中でも最重要です。なぜなら、唇の血色をよくするだけで、顔全体の血色もかなり改善して見えるからです。つまり、**仕込みリップを塗って初めて、ファンデーションが厚塗りすぎないか、あるいは、薄すぎないか、などのベースメイクの仕上がりのバランスをきちんと見極めることができる**のです。

たいていの場合、ここまでくれば「もう肌の状態は完璧だな」と思えるほど整っているはずです。

ちなみに、仕込みリップとして最適な色は、透ける赤。まさに唇に血色をもたらしてくれる色で、肌を生き生きとさせ、顔色まで明るく見せてくれます。（P.119とP.221参照）。

また、**仕込みリップには、この後に塗る仕上げの口紅の下地になるという役割もあります**。後から重ねる口紅が例えばベージュや薄いピンクなどのヌーディカラーだったとしても、その下に、赤の血色が仕込んであるので、顔色が悪く見えないのです。

アラフォー以降になると、ご自身では気づかないうちに、唇の色素沈着も増えてきます。毎度のメイク落としのたびに擦れることが原因の場合もありますし、年齢肌特有のくすみとして唇の色が悪くなっているというパターンもあります。また生まれつき唇の色に赤みが足りない人もいます。

そういった唇の色を補整するという意味でも、アラフォー以降の人は仕込みリップを必ず、プロセスに入れてほしいと思います。これがあることで、カラーレスなメイクやヌーディなメイクにも挑戦しやすくなります。

TIPS 31

ニベアの色つきリップは、大人買いして損なし

40代以降は体質・肌質が目まぐるしく変わるので、コスメも合う、合わないが出てきます。年齢とともにだんだん使えるブランドが限られてきます。

香料や保存料などが多く含まれるプライスゾーンが高めのものが肌に合わない場合も出てきますし、プチプラでも、肌にやさしく名品と言いたくなるようなものに出会うこともあります。

仕込みリップとして、万人におすすめしたいニベアの色つきリップ「ニベア リッチケア&カラーリップ シアーレッド」もプチプラの名品。いわゆる色つきリップクリームなので、唇の保護、保湿、紫外線カットとベーシックな役割をきちんとクリアしながら、透明感のある鮮やかな発色もかなえてくれる優れものです。しかも千円以下というお財布にやさしいプチプラぶり！

さらに嬉しいのは、**例えば電車の中や食事した後のレストランなどでも、バッグから取り出して、鏡を見ないでグリグリと塗れるこ**

{ RECOMMEND ITEM }

透明感のある艶やかな発色。荒れがちな唇も美容オイル配合によるリッチな潤いでケア。SPF20・PA＋＋で紫外線カット。リッチケア＆カラーリップ 各￥700 編集部調べ（ニベア／ニベア花王）

と。この手軽さは、リップクリームならでは、です。

公衆の面前で、口紅を取り出して、手鏡を見ながらお化粧直しするのは気兼ねしますが、これはあくまでリップクリームなので、許されそうな気がしますよね。気になった時に、どんな場面でも唇に色がある状態を保てるのはかなり嬉しいことです。

アラフォーにとって唇に血色があるかないか、というのは死活問題。顔が濃い人は唇がヌーディなままでもなんとかもつ場合もありますが、ほとんどの人は唇に色みがないとたちまち疲れてくすんだイメージになります。色つきリップさえ塗っていれば、あまりメイクをしたくないオフの日などにもちょうどいいです。

このニベアのリップシリーズ、全色いい感じの色なのですが、**仕込みリップという用途でいうなら、シアーレッド以外にボルドーも絶妙な色みでおすすめです。**深みのある茶系の赤は、くすみ肌になじみがいいです。大人買いして、あちこちに置いておくといいと思います。

TIPS 32

落ちた時を想定して、メイクする

みなさんは、一日に何回くらいメイク直しをしますか？　私は20代の頃は、崩れが気になるたびにこまめに直していましたが、今は1回も直さない日も稀《まれ》ではありません。仕事、子育て、家事などに追われていると「化粧直しなんてしていられない」というのが正直なところです。もちろん、化粧直しの時間を楽しんでいる人や気分転換に利用できている人は、とても素敵だと思いますが。

最近のコスメは、ラインナップが豊富で選択肢が広く、キープ力の高さをうたうものもたくさん出ていますが、メイク用品はどんなに強力なものでも時間が経てば皮脂や汗で崩れていくものです。しかもカバー力、キープ力をうたっているコスメほど、崩れた時はドロドロした汚い感じになりがちです。

だから、化粧直しに時間をかけられない私にとってのコスメ選びの優先順位は、キープ力の高さより、崩れ方がきれいなもの。

最初から夕方の崩れた状態を想定して、崩れてもなんとか見映えするナチュラルコスメを選ぶことが多いです。例えば石鹸で落とせるミネラルファンデは、皮脂と混じり合っても汚くならず、本当に自然に落ちていきます。夏の夕方以降などは、素肌かな？　というくらい落ちてしまうのですが(笑)、汚くドロドロになってくすむよりは断然いいです。肌への負担も少なめですしね。

アイラインなどのポイントメイクも、黒だと落ちた時に汚く見えますが、茶色やグレー、バーガンディを目頭と目尻だけに塗ると、落ちた時も抜け感メイクっぽくなっていい感じです。

メイクの崩れとはまた別の話ですが、目の充血などにも同じことが言えます。目薬をさしても一時的な解決にしかならず、必ず充血してくるのなら、それを想定して、目元の赤みを目立たせないよう、普段からなじみのいい暖色系のアイメイクをします。

常に夕方の落ちてきた状態をあらかじめ想定し、完璧な状態、最高の状態を基準にしないこと。そうすると逆に持続的な美しさが手に入ります。完璧すぎると疲れてしまいます。大人こそ、頑張りすぎないミニマムメイクがちょうどいいと思います！

CHAPTER

4

顔が整形級に変わる
メイクのポイント

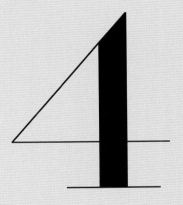

TIPS 33

ポイントメイクで最重要は口紅。まず口紅から始める

ポイントメイクの順番は、顔の中で際立たせたいパーツからやるのが正解です。先に手を入れた箇所はどうしても力を入れてしまい、人は〝最初から引き算〟はできないからです。

そして**大人世代にとって際立たせるべきは、ズバリ、目元ではなく口元**です。口元は、目元以上に大人に必要な気品をかもし出すパーツ。口紅からメイクをスタートすれば、アイメイクのやりすぎも回避できます。

なぜ口紅が大事なのかというと、年齢を重ねた女性ほど口紅の効果が大きくなるからです。メイクをしているのにすっぴんに見えている人は、たいがい、口紅が薄すぎるのです。「口紅さえ塗っていればおしゃれしているように見える」とも言えます。**極端な例ですが、白髪のおばあさんでも、髪を結わえて口元に紅が差してあれば、品のいいおしゃれなおばあさんに見えます。**色のない世界に、パッと赤い口紅。それだけで凛《りん》とした気品が漂います。

今の40代以降は、世代的にリップメイクを軽視しがちな傾向にあ

ります。アイメイク全盛期に20代を過ごしたため、強い目元×ヌーディな口元というバランスに長く親しんできました。当時、ベージュや白っぽいピンクなど色みのない口紅が人気だったので、今でも唇にはっきりとした色をのせることに抵抗があるのだろうと思います。そしてビビッドな赤い口紅に対しては、いまだにバブル期のイケイケお姉さんのような、古いイメージを持ち続けている人も多いのです。

しかしその認識は改めてください。アラフォーがバッチリ目元にヌーディリップだと、かなり不健康に見えます。そして**ぼんやりとした色のない口元は、ほうれい線、下がった口角、マリオネットライン、たるんだフェイスラインを助長してしまう恐れも。**

色を入れて口元が締まると、肌に透明感が出て、顔もリフトアップして見えるなど、いいことばかり。自然と笑顔が生まれるはずです。だから口紅は真っ先にやるべき最重要パートで、この後に続くポイントメイクの基準になるのです。

TIPS 34

自分をきれいに見せてくれる口紅は〝ポンポン塗り〟で選ぶ

ビューティチェンジにいらっしゃるお客さまと話していると、「どのタイミングで自分のメイクを変えたらいいかわからない」とおっしゃる方が結構います。結論から言うと、変えたいと思った時が変え時なのですが、何か変えたいと思ったら、まずは口紅から新調してもいいかもしれません。

新しい口紅を探す場合、デパートのコスメカウンターだと美容部員のお姉さんが塗ってくれることが多いですが、基本は自分で塗って試してみましょう。

ただし、注意したいのが塗り方です。**新しい色の口紅を試す際に最初からベターッと塗ってしまうと、たとえ似合う色でも違和感があり「あ、この色は全然私に似合わない」と思ってしまいがちです。**それは色が悪いのではなく塗り方が悪いのかもしれません。

口紅を試す時のおすすめの塗り方は〝ポンポン塗り〟です。口紅をクレヨンみたいに直接べったり塗るのではなく、手の甲にとって

指先に塗り、スタンプみたいにポンポン唇に押し当てていきます。ちょっとずつ色を足していけるので、「もう少し濃くしてみようかな」と様子を見ながら、顔になじむ色なのかどうかを判断できます。ちなみに購入後で、手を汚したくない時などは、口紅の先を直接唇にポンポンのせてもOKです。

また、口紅の塗り方を複数知っていると、1本の口紅が何通りにも活かせます。濃さを調整しやすい塗り方がポンポン塗りだとすると、もう少し最初からしっかり塗りたい時はリップラインをとって筆で塗るのもありです。

ちなみに40代以降は、唇がやせて厚みがなくなってくるので、目のボリュームに合わせてリップライナーで大きめにラインを描くと少しだけ唇をボリュームアップできていいですよ。**そして唇の中心だけ少し濃いめに塗るのも使えるテクニック。**ツヤを強調し、ナチュラルな立体感が出るのでおすすめです！

TIPS 35

すべての人をきれいに見せるテラコッタカラー

普段の口紅の色はベージュピンク、という人は結構多いですが、40代以降で言うと実はベージュピンクはとても難しい色です。これまで唇に色があることの大切さを繰り返し言ってきましたが、ベージュピンクというのはなじみ色すぎて大人の唇には少し物足りない。**人によってはかえって老けて見える色です。**

みなさんは、なんとなく安心感だけでベージュピンクを選んでいるのだと思うのですが、ベージュピンクをきれいに見せるためには、肌をパーフェクトに作りこまないといけません。**肌にも髪にもツヤがあるなどさまざまな条件がそろっていないと、ベージュピンクの唇を素敵に見せるのは難しいのです。**

そこで、どんな人にも似合うオールマイティな口紅の色をご紹介したいと思います。**それは、オレンジがかったブラウン、テラコッタカラーです。**ニュアンスの違うテラコッタカラーが各ブランドから出ていますので、その色レンジの中で選ぶと失敗がないと思いま

{ RECOMMEND ITEM }

無敵のリップを作る絶妙テラコッタ。濡れたような艶を出したいならグロスもいい。右・ディグニファイド リップス09 ¥3,200、左・エンスロール グロス03 ¥2,800（ともにセルヴォーク）

す。肌の色にもなじみつつ、大人の肌を引き立ててくれる色です。

代表アイテムを挙げるなら、セルヴォークのディグニファイドリップス09です。これはブランドを代表する人気カラーで、発売当初は入手困難だったほど話題のリップ。ラフにぐりぐり塗ってもサマになるツヤ感、シアー感のあるテラコッタで、日本人の肌になじんで本当にパーフェクト。そして大人の肌に品のいいコントラストをつけてくれます。ちなみに同じ色のエンスロール グロス03も出ていますので、ジューシーなツヤもお好みでプラスできます。

口紅選びでツヤかマットかで悩まれる方がいますが、季節感、トレンド、肌の質感とのコントラストの好み（ツヤ肌なら唇はマットにするなど）で自由に選べばいいと思います。ただし、マットな口紅は乾燥しやすいので、きれいな状態を保つのに少しテクニックがいります。一般的には、唇にはツヤがあるものの方が使いやすいと思います。

TIPS 36

全員やるべきは、〝顎裏シェーディング〟とハイライト

ビューティチェンジを体験された方々が周りから「整形した?」なんて、冗談みたいな反応をされるのは、シェーディングやハイライト、さらに髪型による小顔メリハリ効果が大きいからだと思います。

基本的にシェーディングはへこませたいところ、削りたいところに、ハイライトはふっくらさせたいところ、高く見せたいところに入れると立体感やメリハリが際立つようになります。遠心的な顔を求心的に見せたり、肌のたるみ、顔型などのお悩みを矯正したりするのにも使えます。

個別のお悩みに応じたシェーディングの入れ方は次の章で紹介しますが、**アラフォーなら全員やった方がいいのが顎の裏側、顎先から耳の下あたりまでのフェイスラインに入れるシェーディング**です。ここは肌のたるみが溜まり、もたついた輪郭として表れやすい場所。真正面からは見えないのですが、横からは意外と目に入りやすい場所で、そのぶん効果が出やすいです。またたるみがなくても、

骨格的に顎が小さいせいで首とつながり二重顎になりやすいという人もいます。そういう人も顎の下側にシェーディングをすることで、視覚的な奥行きが生まれすっきり見えます。この顎裏シェーディングは簡単で効果が絶大なので、私はほとんどのお客さまに入れています。

ただし、頬がこけているのを気にされている方だけは顎裏シェーディングは逆効果なのでおすすめしません。

もうひとつ、シェーディングとの相乗効果で使いたいのが、ハイライトです。シェーディングが影を味方につけるメイクテクなら、ハイライトは光を味方につけるメイクテク。鼻筋、頬骨の高いところ、上唇の中央上など、的確なポイントに入れて光を集めツヤ玉を作ると元気に見えます。

シェーディング用パウダーを選ぶ際のポイントは、「肌よりも少し濃い色」「マットな質感」「色がつきすぎない」の3つです。具体的には、アディクションのザ アイシャドウ 056や、フーミーの

TIPS 36

全員やるべきは、〝顎裏シェーディング〟とハイライト

ちっちゃ顔シャドウなど（P.220参照）。どんな肌色の人にも合う万能カラーで、あまり色がつかないので重ね塗りしても大げさにならず、失敗しにくいです。シェーディング用としてパール感のあるものもありますが、必ずマットなものを選んでください。あくまで影を作りたいので光が入ってない方がいいのです。

一方で**ハイライトのおすすめは、パール感のあるベージュ**（P.220参照）。ひと昔前はハイライトというと白系やピンク系でしたが、今はもっとなじみのいいベージュが主流です。濡れたような質感、ツヤ感を出すのもお手のものです。

シェーディングは、顔周りには大きめのチークブラシで、目元、鼻周りの細かい場所は大きめのアイシャドウ用ブラシで入れていきます。小さすぎるブラシだと濃く入りすぎてしまうので要注意。ハイライトは、基本、クリームのものを使用するので指で入れます。

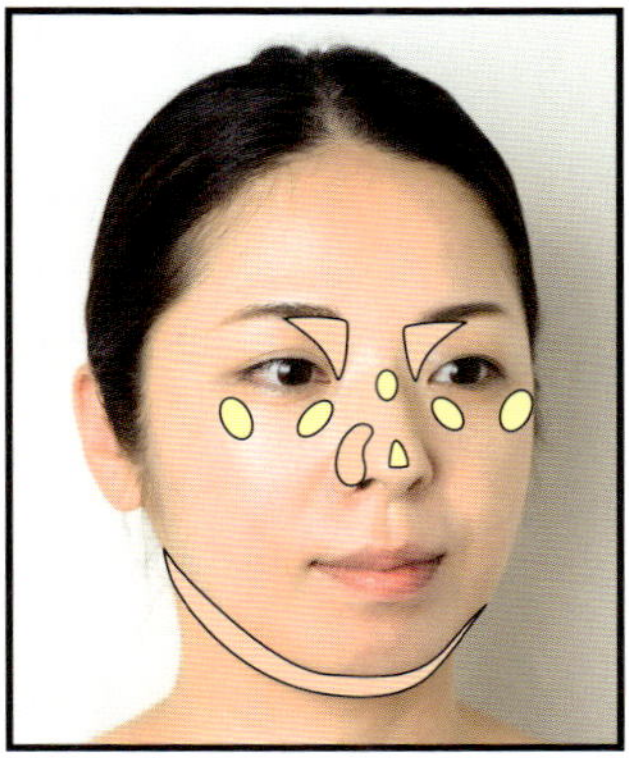

{ PROCESS }

囲みで示す通り、ハイライトは、鼻根、鼻先、目の下の逆ハの字など、シェーディングはフェイスライン、鼻の側面、顎下や眉頭の下などに入れると効果的。

ハイライト

シェーディング

AFTER

BEFORE

ほぼ全員にする顎裏シェーディングのテク。特に顎が小さい人には効果が出やすい。

TIPS 37

逆ハの字のハイライトでマイナス5歳若返る

夜、電車の窓ガラスに映った顔を見て、ギョッとするほど老けているとか、ものすごく疲れて見える……と感じたことはありませんか？　夜の電車の窓ガラスは、凹凸を如実に映し出すので、目の下のたるみなど顔の影になる部分が強調されて、普段よりもお疲れ度がアップして見えるのです。なんとかしなければ、という気持ちになりますよね。

顔の影を飛ばすのに、強力な効果を発揮するのが、コンシーラーとハイライトです。前の章で、コンシーラーはオレンジがいいと言いましたが、これは、シミやクマなど肌自体が色素や血流で暗くなっている部分に有効です。目の下のたるみなどによって暗い影になっている部分には、まずベージュのコンシーラーを塗ります。だいたい、目頭の下と目尻の下の逆ハの字の部分（目の下の三角ゾーンの上部）が影になっている人が多いので、そこにコンシーラーをのせます。

そしてファンデなどで整えた後、その部分にさらに、光を集める

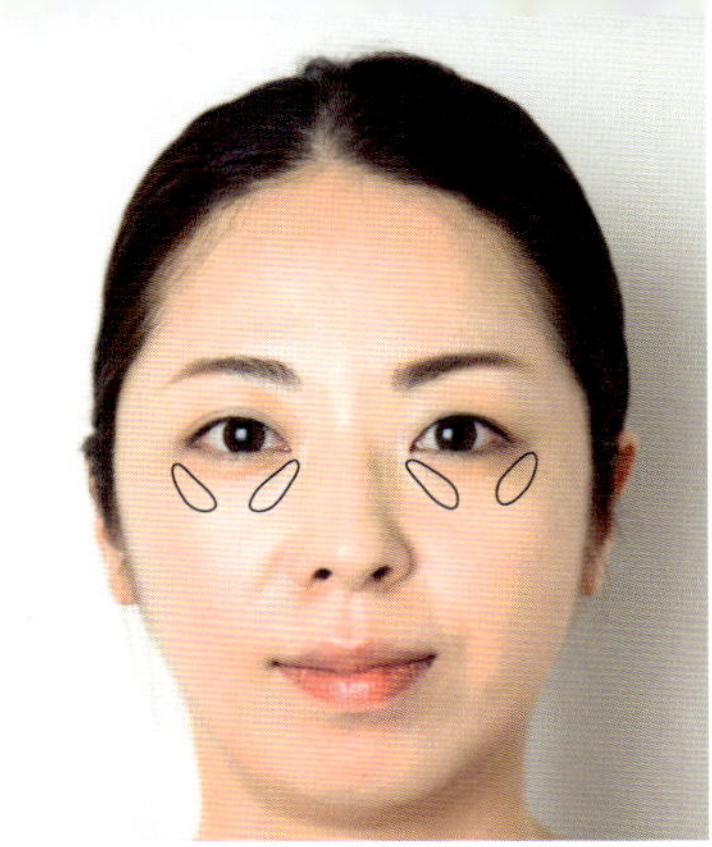

{ PROCESS }

目の下の逆ハの字。この部分の影を消し、光を集めることで、若々しくフレッシュな印象になる。特にニコッと笑った時の頬の高いところ（ハの字の目尻下側）にツヤが出ると、見違えるほど若々しくなる。

ベージュのハイライトを指で塗っていきます。

逆ハの字の目尻側の部分は、ニコッと笑った時に頬の高くなる部分です。この部分に光を集めてツヤ玉を作ると、急に生き生きとしてフレッシュな印象に見えます。また、逆ハの字の目頭側の部分も明るくツヤを出すことで目元がふっくら見えて若々しくなります。**逆ハの字のハイライトを入れるだけで、マイナス5歳くらいの若見え効果がある**と言ってもいいくらいです。

なお、時々「ツヤがテカりに見える」という悩みをお聞きします。ツヤとテカりの違いを人はどこで判断しているかというと「毛穴が目立っているかどうか」です。光を集めると陰影がつくため、もともと毛穴が目立つ人はより目立ってしまうというのは否めません。一般的には、みずみずしく健康的なツヤを出すクリームハイライトがおすすめですが、もともとその部分の毛穴が目立つ人は、陶器肌のようなサラサラした上品な肌に見せるパウダーのハイライトを使った方が毛穴が目立たなくなります。

TIPS 38

似合うブラウンシャドウの色は、白目の色で決まる

みなさんのコスメポーチに必ず入っているアイシャドウの色といえば、やはりブラウンではないでしょうか。お仕事の時もオフの時も、悪目立ちすることなくなじむベーシックなブラウンは、持っていると安心できる色なのだと思います。

ブラウン系ならどんな色でも同じように使いやすい、と思われるかもしれませんが、実は目をきれいに見せるブラウンは、白目の色によって違うのです。白目は意外と目立つので、白目がきれいに映るかは清潔感にも大きく関係してきます。

白目の色が黄みよりなら黄みブラウンと赤みブラウンがなじみます。

白目がきれいで青みがかっているなら、黄みも青みも赤みも、どんなブラウンでも合うので、なりたい印象に合わせて自由に選べます。

ちなみに充血による赤みが強い人は、赤みブラウンがおすすめで

す。ただし充血の印象に負けない、濃いめの発色のものを選ぶのがコツ。なじみつつもコントラストがつくので、目がきれいに見えます。

ブラウンの色系統別に、イメージも変わるので、なりたいイメージ別に選んでも良いかもしれません。基本的には、

黄みブラウン＝ナチュラル、柔らかい、やさしい目元
青みブラウン＝涼しげ、スタイリッシュ、キリッとした目元
赤みブラウン＝女性らしい、色っぽい、潤んだ目元

という印象になります。それぞれの系統別におすすめのアイシャドウはP.139に掲載していますので、参考にしてください。

なお、自分が持っているブラウンシャドウが白目の色と合わないものだったとしても活かす方法があります。

TIPS 38
似合うブラウンシャドウの色は、白目の色で決まる

そのブラウンの上から、黄み、青み、赤みを持ったアイカラーをニュアンスカラーとして重ねて自分だけの色を作るのです。

最初に、手持ちのブラウンシャドウを目の際からアイホールの3分の2くらい、二重の人は二重幅を少しオーバーするくらいの範囲でなじませます。

そしてまぶたの中央部分（黒目の上）を中心に自分の白目の色に合わせ、青み系（ブルー、グリーンなど）、黄み系（イエロー、オレンジなど）、赤み系（ピンク、バーガンディなど）のニュアンスカラーを重ねづけします。ニュアンスカラーのテクスチャーについては、パール入りで密着しやすいクリームシャドウの方が自然な立体感があって素敵に仕上がると思います。

こうすると単色では使いづらくて眠っていたカラーシャドウも活かせますし、色を重ねることで、目元に奥深さも生まれます。

ぜひ、試していただきたい方法です。

コスメデコルテ アイグロウジェム BE385（ブラウン＋ベージュ）

アディクション ザ アイシャドウ 070（ブラウン＋ゴールド）

BROWN COLOR：❶

黄み
ブラウン

アディクション ザ アイシャドウ 069（ブラウン＋グレー）

アディクション ザ アイシャドウ 068（ブラウン＋くすみパープル）

BROWN COLOR：❷

青み
ブラウン

コスメデコルテ アイグロウジェム BR380（ブラウン＋レッド）

BROWN COLOR：❸

赤み
ブラウン

TIPS 39

上まぶたより下まぶたメイクに時間をかける

目の美しさは、「濡れたような」「ウルウルと潤んだ」「光が溶け込んだような」「吸い込まれるような」などの叙情的なフレーズで表現されることがありますが、これをメイクで実際に作ることが実は可能なんです。

ポイントは、下まぶたの涙袋を強調すること。涙袋がぷっくり膨らみキラキラ輝いていると、それが小さなレフ板効果を発揮して、瞳に反射し見違えるほど美しくなります。**本当にウルウルと濡れたような瞳の輝きが生まれるので、見る人をドキッとさせてしまうかもしれません。**

また、遠心的な顔に対しては、涙袋を前に出して顔に立体感をつけることで、のっぺりした感じを払拭する意味あいもあります。

「涙袋がないんです」「どこだかわからないんです」とおっしゃる方もいますが、**ニコッとほほえんでみれば、必ず目の下にぷくっと盛り上がる部分がありますよね。涙袋は、この部分のこと。**

普通のおすまし顔だとわかりづらい人でも、笑ってみればほとん

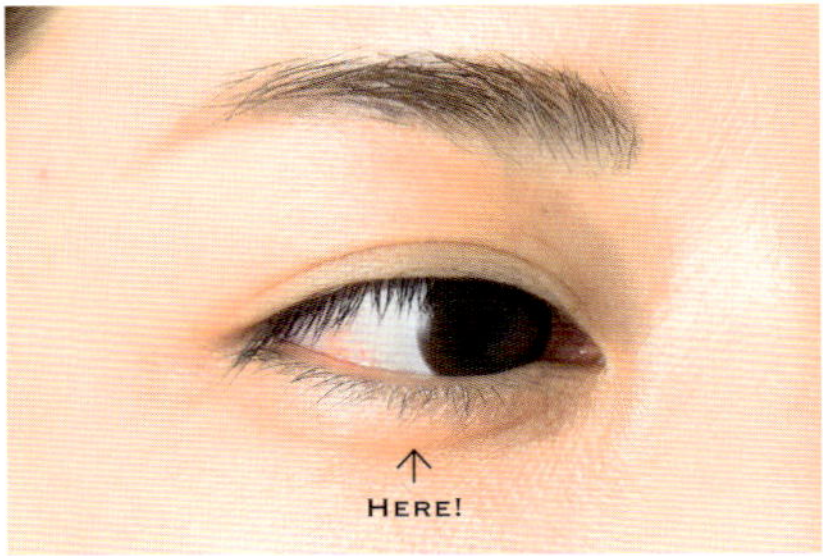

{ PROCESS }

ほほえんだ時に目の下にできる小さな膨らみが涙袋。ここになじみ色のシャドウで光を入れると、レフ板のように反射して白目がキラキラ輝き、濡れたような美しい瞳に。

どの人にありますので大丈夫。涙袋までを目として考えると、メイクする時に目元の全体バランスを把握しやすくなると思います。

ぷっくりとした立体感を表現するには、パールの入った明るめのベージュ系シャドウが使えます。**おすすめアイテムは、ボビイ ブラウン ロングウェア クリーム シャドウ スティック 04 ゴールデンピンク。**滑らかにスルスルと描ける上、しっとりとしたテクスチャーが肌に密着してくれるので化粧持ち良好です。入れる位置はやや目頭寄りの高い位置で、そこを中心に涙袋全体になじませるとナチュラルです。そして涙袋のすぐ下にさっと一筆だけ影を入れると（シェーディング用のパウダーが使えます）、さらに涙袋が前に出て強調されます。ただし、この影は強くしすぎるとクマのように見えるので注意が必要です。

目の下は皮膚が薄く、それでいて表情の変化とともによく動く場所なので、メイクが崩れやすいというのが難点。クリーム系などの密着度の高いコスメで丁寧かつきれいに仕上げましょう。

TIPS 40

印象を激変させるのは目尻ラインと目頭ライン

目を印象的に、きれいに見せたい大人にとって、アイラインは目元の活力剤と言えます。「目ヂカラを出したい」「目をはっきりと見せたい」「意志のある目にしたい」など、目元を元気に生き生きと見せるのがアイラインの役割です。

アイラインを引くとなったら目の周りを丸囲みしないといけない、と思っている人がいるかもしれませんが、そんなことはありません。目頭だけ、目尻だけなど、部分使いも全然ＯＫ。ちょっとで随分印象が変わるものなので、さじ加減を大切に、ちょうどいい塩梅を目指したいです。

アイラインのおすすめの色は、ブラウン、バーガンディ、グレー、カーキなどです。黒はやはり強すぎますし、落ちた時にきれいには見えづらいです。だから、なじみ色が使いやすいと思います。

まずは、深みを出して柔らかい印象に仕上げるペンシルで、まつ毛とまつ毛の間を埋めてなじませます。そして持ちが良く、くっきりとシャープな印象になるリキッドで、目頭、目尻の強調したい箇

{ PROCESS }

主に目頭の粘膜が見えている人に有効な目頭ライン。目頭から黒目の真ん中あたりまで粘膜の上にまつ毛の間を埋めるような感覚で描く。

ほぼ全員に効果のある目尻ライン。こめかみを軽く引っ張り、目尻にできた影に沿ってまっすぐ描く。跳ね上げると不自然なので注意。

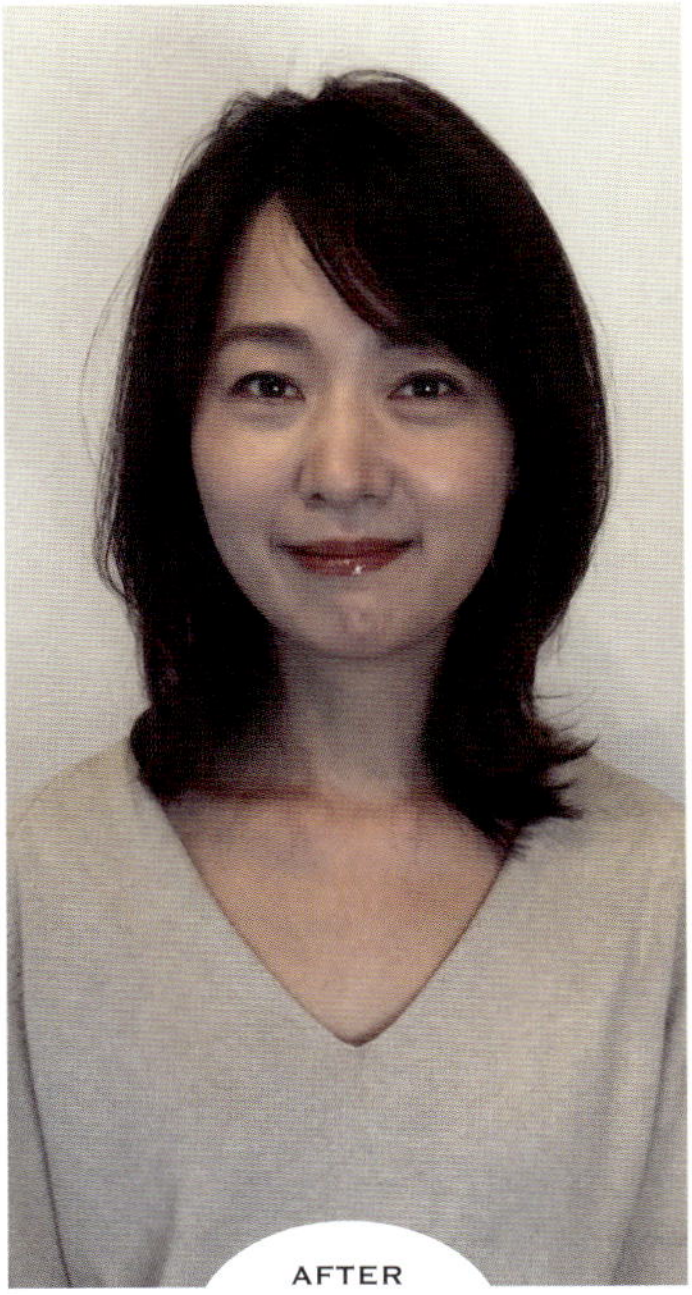

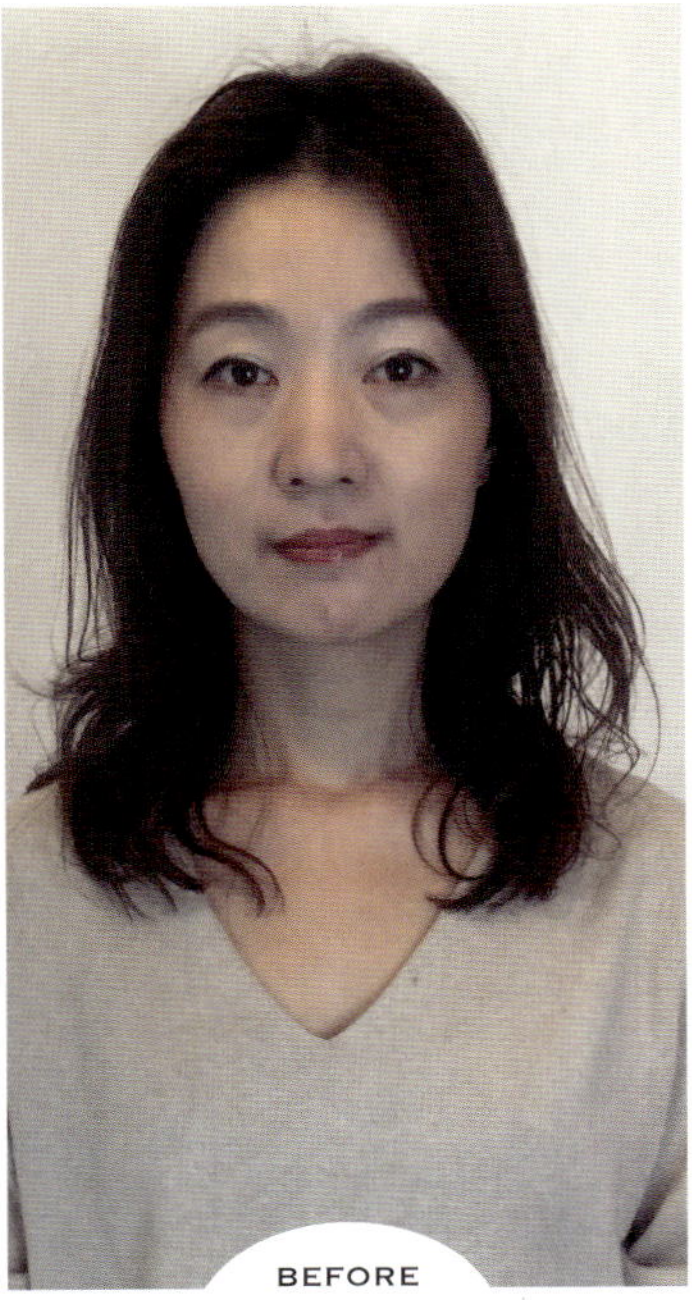

目頭ラインを入れることによって、両目の幅をキュッと近づけ、求心的な印象に。

TIPS 40 印象を激変させるのは目尻ラインと目頭ライン

所を際立たせます。リキッドとペンシルの両方を使い分ける理由は、ペンシルのナチュラルな印象を持たせたまま、リキッドのくっきり感をプラスし、リキッドでコーティングすることでにじみづらくさせるためです。

正面から見た時に、まつ毛の付け根の赤い粘膜が見えていない人(日本人は多くの人がそうなのですが)は、上まぶた全体へのアイラインは不要です。入れたとしても見えづらく、落ちて目元が汚れやすいので目尻ラインだけでOKです。逆に粘膜が見えている人は、アイラインがきれいに入りやすいのでしっかり描いた方が効果的です。まつ毛の根元をみっちり埋めるように、ちょんちょんと細かく筆先を動かします。

またアイラインは求心顔、遠心顔のバランスをとるのにも大いに役立ちます。**パーツが離れている遠心的な作りを求心的にするには、通常は上まぶたの目頭から黒目の真ん中あたりまで入れる目頭ラインを、下まぶたの目頭にも少し〝く〟の字のように入れると効**

果的。そうすると目がキュッと寄って表情が締まります。ちなみにもっと強めにしたい人は、リキッドライナーでややはみ出し気味に描いてもいいです。

逆に**求心的な作りの人は、上まぶたの目尻ラインを入れて横幅を足しましょう**。目を開いた状態で、少しだけ目尻を真横に引っ張り、影ができるところにまつ毛を1本描き足すイメージです。目尻は落ちやすく汚れやすいので、ペンシルで描いた後にリキッドでフィックスするといいと思います。

この目尻ラインですが、まばたきをした時や伏し目もきれいに演出するので、求心的な顔の人だけでなく万人に使えるテクニックとしておすすめです。

またおでこに立体感があって目元が奥まっている人に多いのですが、アイラインを全体に入れると引き締めすぎてしまって逆に目が小さく見える場合があります。そういう人は、あえてアイラインを入れる必要はありません。

TIPS 41

目は大きく見せるより、きれいに見せる

目元メイクは使うアイテムが多いこともあり、つい頑張りすぎてしまいがちなパーツです。アイラインを駆使した囲み目や極端なグラデーションで目を大きく見せる〝デカ目〟の時代に20代を過ごしたアラフォー以降の世代は、ここで目を覚ましてください。

とは言え、今も、目元は顔の印象を決める大切なパーツであることに変わりはありません。ただし目元は足し算ではなく引き算の意識を持ってメイクすべき箇所に変わってきたのです。

大人の目元メイクのゴールは、大きく見せることではなく、きれいに見せること。**自分の目の特徴を活かして、最大限きれいに見せる。印象的な目、上品な目、雰囲気のある目をメイクで表現していきましょう。**

まずは自分の目の特徴を知ることからです。瞳の色は何色か。黒目と白目の面積の割合はどうか。白目が真っ白か、濁っているか。充血しやすいか。目の形は丸いか、切れ長か。一重か、二重か、奥二重か。二重幅は狭いか、広いか。まぶたは腫れぼったいか、くぼ

んでいるか。まつ毛は生え揃っているか。まつ毛は短いか、長いか。あなたの目元が持つ良さに着目し、「隠すよりも活かす」を意識します。

例えば**瞳の色がブラウンなら、アイライナーやマスカラもブラウンにするなど、使うコスメの色をリンクさせる**と違和感なく調和します。もっと言うと、私はアイライナーやマスカラに黒はほとんど使いません。だって真っ黒な瞳の人は少ないですし、黒だとコントラストがつきすぎて、柔らかく見せたいのに強くなってしまうからです。

またまぶたの形状、目周りの骨格も注目。まぶたが落ちくぼんでいる人は天然の影がすでに目の周りにあるので、あまり上まぶたのメイクをする必要がないくらいです。**やるなら、パールベージュなどの明るい色で上まぶたをふんわり膨張させると元気に見えます。**

そんなふうに、元々の目の魅力、特徴を活かしたアイメイクで、今っぽい抜け感、大人の余裕を手に入れましょう。

TIPS 42

ビューラーはアイメイクのいちばん最初にする

実は〝やりすぎ感〟がいちばん出がちなのが、まつ毛です。まるで上まぶたに張り付いているのかと思うほど約90度に上がったまつ毛に、こってりと塗られたひじきのようなマスカラ。それはさすがに極端な例かもしれませんが、不自然なまつ毛は、上品さを求める大人にあまり似合わないと思います。だから、ここをいかに自然に見せるかがアイメイクの肝《きも》とも言えます。

自然なまつ毛にするコツは、アイメイクに取りかかるいちばん最初にビューラーでまつ毛を上げること。マスカラを塗布する直前にビューラーを使う人がほとんどだと思いますが、それだと毛が上向きすぎてビックリしたような見開いた目になってしまうのです。最初にビューラーを使うと他のアイメイクをしているうちに自然に自重で落ちてくるまつ毛の角度がちょうど良く、まつ毛が上がっているため、隙間を埋めるアイラインも描きやすいので一石二鳥です。

ビューラーは、まぶたのカーブに沿うものを使いましょう。まつ毛の根元からしっかり挟み入れて、毛が上向きになるよう意識しながら根元、中間、毛先の3段階でゆっくりと上げていきます。まつ毛が長い人なら、もっと細かく段階を踏んでもいいかもしれません。ここでしっかりフルに上げておくことで、後の作業もやりやすくなりますし、落ちてきた時に絶妙な具合を期待できます。

元々まぶたに厚みがある方、眼瞼下垂《がんけんかすい》などでまぶたが下がってきている方は、まつ毛の根元でしっかり支えることが重要です。マスカラで仕上げた後にホットビューラーで根元をしっかり固定すると支える効果が更に高まります。

遠心顔の方や平面的な顔立ちの方は、目元を立体的に見せるためにはまつ毛の中央部分にしっかりカールをつけ、長く見せることが大事です。基本、まつ毛は外側に向かって生えているので、ビューラーを小刻みに挟みながら目頭に向かって力を抜いていきます。更にマスカラ後の仕上げに、ホットビューラーでまつ毛中央を前方に向けて固定してあげると目元の立体効果が高いです。

TIPS 43

目の周りのくすみや色素沈着は活かせるものもある

目の周りの皮膚は、顔の中でもかなり薄く敏感です。メイク落としの際にこする、あるいはメイクそのものが完全に落ち切っていないなどの理由で、目の周りは色素沈着を起こしやすくなっています。

目の周りの影（クマ、たるみ、くすみ、色素沈着など）をすべて消そうと、コンシーラーやファンデーションを塗り重ねてしまいがちですが、それでかえって厚塗り感が増して目立ってしまうことがあります。そもそも薄い皮膚なので、厚く塗るとヨレやすく、違和感が生まれやすいのです。消すべきものは最小限にするにこしたことはありません。

まず、**目の周りの色素沈着やくすみは、消しすぎずにアイシャドウのように影として活かしましょう。**無理に消すよりも、その方がナチュラルできれいに見えます。

色素沈着やくすみを天然のシャドウと考えて、その色みと合わせたブラウンシャドウ、アイラインを使うとなじみがいいです。

色素沈着の色みはパーソナルカラー診断でいう肌の色（ブルーベ

ース、イエローベース）と大きく関わり、**ブルーベースならグレーやカーキのアイライン、イエローベースならブラウンやボルドーのアイラインがおすすめ**です。

そして、ふっくら見せたい涙袋の高いところにオレンジ、目頭と目尻にはベージュのコンシーラーを入れると目元とのメリハリがついてくすみ部分がなじんでいきいきと見えるようになります。

一方、**消すべき影はたるみによる影**です。鏡を45度下の角度から煽って顔を映してみてください。この時に見える影は、皮膚のたるみによる影なのでコンシーラーで消します。

使うのは、P.134で説明したようにベージュ色のコンシーラー。コンシーラーだけで完全に消そうとせずその上からファンデーションをポンポンと叩き込むことによって、本当に目立たなくなりますのでお試しあれ！

TIPS 44

マスカラはフィルムタイプのブラウンかボルドー

アイメイクの最後は、マスカラです。ビューラーでまつ毛をカールした直後ではなく、その間にアイシャドウやアイラインというプロセスを挟んでいるため、ついマスカラを忘れてしまいそうですが、ここはしっかりフィックスしましょう！

ひじきまつ毛にならないよう、**根元はしっかり、毛先はさらっと、を意識**してくださいね。

各メーカーからいろんなカラーバリエーションが出ている中で、私のお気に入りは赤みのあるブラウンやボルドーです。白目が濁っていたり、ドライアイで目が充血しやすい人にとって、マスカラに赤みがあると目をきれいに見せてくれるのです。また多少落ちてしまった時でも、影シャドウのような感じでなじんでくれます。黒ではない色の方が何かと使いやすいと思いますが、どうしても黒を使いたい場合は、マットな感じにならずツヤ感があり、自まつ毛に自然になじむものを選ぶといいでしょう（P.224参照）。

もうひとつ、**マスカラを選ぶ時に重要視したいのが、落としやす**

さです。目元の色素沈着の原因の一つは、マスカラを落とす時の摩擦です。だからできれば、お湯でスルッとオフできて肌に負担をかけないフィルムタイプを選びたい。

40代以降は目周りの皮膚にハリがなくなってくるので、メイク落としによる摩擦が色素沈着だけでなくシワの原因にもなり、こすらずオフできるコスメは本当にありがたい存在です。

ちなみに肌に優しいクレンジング剤はクリームなので、乾燥肌を自覚されている人にはクリームをおすすめします。もう少しすっきり落としたいという人にはジェル。オイルは、使った後にさっぱりしますが、そのぶん洗浄力が強いので、メイク汚れだけでなく皮脂など肌に残しておきたいものまで落としてしまうこともあります。なので、クレンジングはお肌の状態を見て使い分けるのがいいでしょう。「角質がたまってきているな」と感じた時などに、たまにオイルを使うのはいいと思います。

TIPS 45

眉はアイメイクの後に描けば失敗しない

お客さまとお話をしている中で、「眉毛を描くのが苦手なんです」というお悩みはとても多いです。眉ってものすごくトレンドが出やすい箇所でもあります。

少し前までは健康的な直線の太眉、そのさらに前は弓形の細眉など、良くも悪くも流行に振り回されてきたせいで、「自分の顔に合う眉」がわからなくなっている人が多いのかもしれません。

一般的にはベースメイクの後、最初に眉を描くという人が多いのですが、それだとそもそもの眉への苦手意識も手伝って、眉に必要以上に時間をかけてしまいます。迷いながら描くという心理的な理由もあり、結果的にやりすぎて濃く不自然な眉になってしまう人が大半なのです。そもそも、真っ白い画用紙に美しい線を描けと言われるより、すでにある程度でき上がった絵の上に線を足していく方が明らかに楽ですよね。

そこで私は、メイクの完成形がほぼイメージできた最後のプロセ

スとして、アイメイクの後に眉を描くことをおすすめします。

眉以外はできていて到達点がクリアに見えていれば、少し足すだけですので、主張しすぎない自然な眉を描きやすいはず。

例えば、「目元が強めだったら眉毛は少し引き算してみよう」「まだ顔全体が弱いからしっかりめの眉で、キリッと引き締めると良さそう」など、必要なバランスが見えてきます。最後にやるからこそ、そうやって眉毛でメイクの帳尻合わせもできてしまうのです。

ただし、もともと彫りが深くてアイメイクをやっても差が出にくいという人は、アイメイクの直前に眉を描くのもありです。

メイクの順番はあくまで〝やりすぎ防止〟のためですし、自分の顔を俯瞰で見るためのガイドにすぎないので、とらわれすぎず、全体のバランスを見てあなたなりにアレンジしてくださいね。

まずは、メイクの最後に眉を描くことを試してみるだけでも苦手意識が払拭されるかもしれません。

TIPS 46

眉は二重ラインから涙袋までの半分の太さ、ほぼ水平が理想

アムラー全盛だった90年代は弓形の細眉が大ブームでしたが、今はあれほどまでみんながフォローする眉型の強烈な流行というのは存在していません。**ここ数年の主流は、ナチュラルな水平気味の眉です。**

眉は、顔の中のひとつのパーツとして、悪目立ちせず調和しているのが理想的です。自然な印象を与える眉を考えた時、まずは太さに着目します。

目のボリュームに合った眉がバランスよく見えるので、**アイメイクを仕上げた状態での目の縦の厚み（二重のラインから涙袋までを目と捉える）の半分くらいの太さを意識する**といいでしょう。

アイメイクを仕上げてから眉を描くという手順は、この眉の太さを確認するためでもあります。太さは遠心や求心に関係なく、スタンダードなものとして考えます。細眉ブームだった頃に抜きすぎて地毛がわずかしかないという人は、太くするために描き足す必要があります。

カーブの度合は、上まぶたのカーブに対して平行にするのが基本です。だから丸い目の人は少し丸くすると自然に見えます。

そして眉自体の長さと眉山をどこに置くかは、遠心的にしたいか求心的に見せたいかで決めるといいです。もともと寄り気味の求心眉だったら、遠心的に見せるために眉頭にライトな色みのアイブロウマスカラで軽さを出すといいです。さらにちょっと眉山を外側にもっていき、長さを長めに描きます。逆に遠心気味の眉なら、眉頭を中央に寄せ気味にします。

基本的には、遠心にしろ求心にしろ、目指すのはナチュラルな水平眉なので、あまり形を整えすぎない方が良く、眉山もそこまで強調する必要はありません。眉を描くプロセスについては次の項で紹介していますので参考にしてください。

TIPS 47

眉は黒目の上あたりから眉尻へと描きはじめ、左右交互に描く

眉の基本プロセスは、まず毛が足りないところにペンシルで毛を描き、次にパウダーで全体に色をのせる。またツヤをプラスしたい人、毛流れを強調したい人は眉マスカラで仕上げます。

ただ、お客さまにうかがうと、「眉が苦手」という人ほど、ペンシルだけを使っているパターンが多いよう。それだとかなり強弱をつけて描かないといけないので逆にテクニックがいります。**最低でもペンシルとパウダーは持っていた方がいい**し、その2つを組み合わせることで、ふんわりナチュラルな理想の眉を作りやすくなります。

基本的にはアイブロウコスメの色は、髪の色と合わせます。そして、まず、ペンシルを使って描きにくい方（一般的には利き腕の逆の眉）から描き始めます。描きやすい方からだと、きれいに描きすぎて、後で描きにくい方を合わせるのが大変になるからです。そして左右交互に少しずつ描きながらバランスをとっていきます。毛の1本1本を描くように軽いタッチでペンシルを動かすのがコツです。40代以降は目元が下がってきているので、整いすぎているよりも抜

け感のある眉の方が似合います。

最初に描くのは、形のベースとなる眉の下辺から。ただしあまりしっかりラインを取りすぎないのが大事です。左右を見ながら、毛を描き足し、眉の高さと長さを合わせていきます。

眉の高さに左右差がある方は結構多いのですが、眉の高さを補整する場合、基本的には低い方の眉に合わせます。目とまぶたの距離が近い方が顔が締まって見えるからです。ですから、眉を描く際は高い方の眉を下げ気味に（上辺はあまり触らず、下辺を付け足す）、低い方の眉もやや高い方の眉に近づけて（上辺を少しだけ付け足す）、無理のない範囲でバランスを取っていきます。

ペンシルで毛を描き足したら、今度は軽く色をのせる感覚でパウダーを黒目の真上くらいからのせていきます。特に眉頭はふわっとさせたいので、眉頭を描く時はブラシをひっくり返して圧がかかりすぎないようにし、眉の上のラインをなぞってあげる程度でＯＫ。

なお、**元々の眉毛がちゃんとある人は、ペンシルを使わずに、い**

TIPS 47 眉は黒目の上あたりから眉尻へと描きはじめ、左右交互に描く

きなりパウダーをのせていくのでもOKです。

眉山や眉尻の位置を決める時には、104ページでした「顔には前面と側面がある」という話を思い出してください。

眉山については、基本的には元々の形を活かします。ただし「顔の前面」の眉をほぼ同じ太さで描き、「側面」に入ったら太さをフェードアウトしていくと無理に山部分を作らなくても自然とカーブができて眉山のように見えます。求心顔の人が遠心的に見せたい場合は、意識的に眉山を目尻の方向にずらすといいでしょう。

また眉の長さについては、**基本の眉尻は、小鼻と目尻をつないだ延長線上。丸顔の人が面長っぽく見せたり平面顔の人が立体的に見せたい場合の眉尻は、口角と目尻をつないだ延長線上**です。

いずれの場合も、正面と側面の両方から見ながら眉を描くと自然な立体感が出ます。前からしか見ていないと眉が短すぎることがあり、結果的に大顔に見えてしまうことも。手鏡を持って、横からも見ながら描くことでワンランク上の仕上がりになります。

{ PROCESS }

基本の描き方

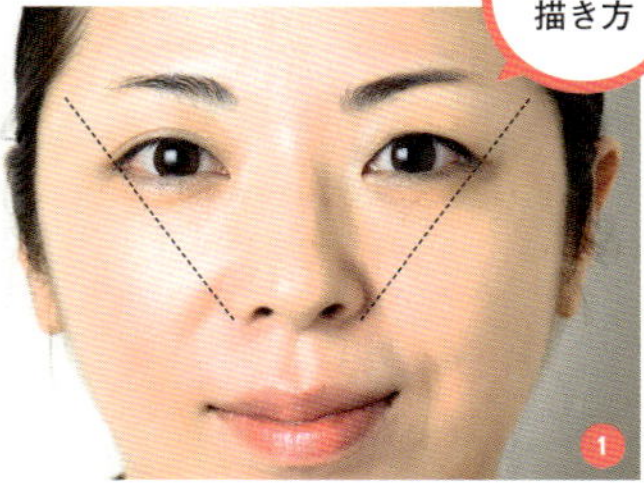

点線の延長線上が理想的な眉尻の位置。ちなみに元々の毛の状態（太くて硬いか、柔らかいか）によって使うコスメの順が変わる。

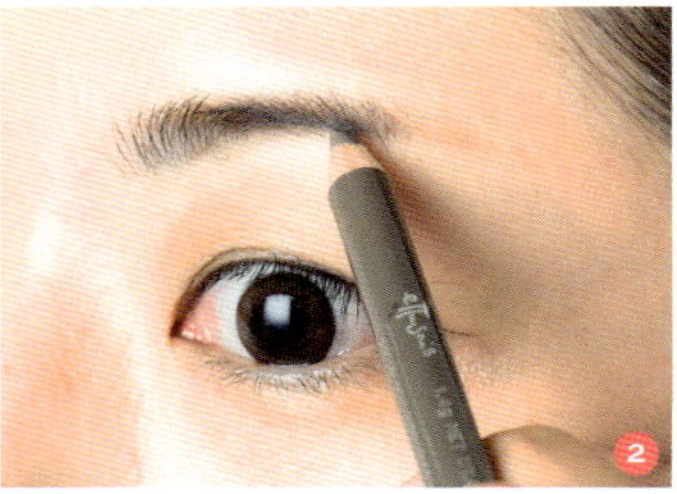

太くて硬い毛、あるいはあまり毛が生えていない人は、最初にペンシルで。眉毛の中央から毛流れに沿って隙間を埋めていく。

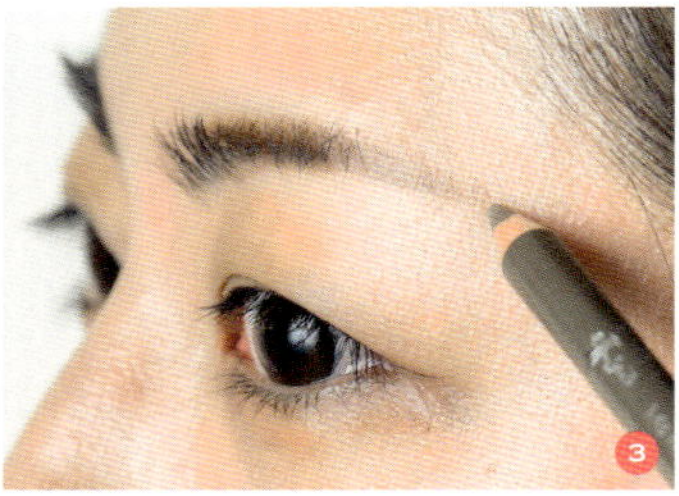

毛がない目尻も1本ずつ描き足すような感覚で描いていく。変に眉山を意識しないで、まぶたと平行にまっすぐ描けば自然に。

次にパウダーで先ほど描いたラインと元々の眉をなじませていく。眉の中央から目尻に向かって筆先を水平に動かしていく。

目頭が濃くなるのを避けるため、そのままパウダーを筆につけ直さずに、目頭は筆の角度を90度変えて、縦に小刻みに動かす。

仕上げは眉マスカラ。毛流れに逆らって、ブラシを眉毛に絡ませていく。最後は、毛流れに沿ってブラシの先を動かして整える。

TIPS 48

仕上げチークは足りなければ入れる

40代からのチークは、あまり主張しないのが大人の気品につながると思います。

ビューティチェンジメイクでは、肌のトーンはコントロールカラーで補整され、仕込みチークで血色はプラスされていて、唇にもきちんと色がのっているので「仕上げのチークがいらない」というパターンも実際に多いです。

1章の実例でご紹介した方々の中にも、仕上げチークを入れていない方は複数います。足し算メイクが染み付いているとどうしても不安になってしまいますが、しっかりとメイクの仕上がりを確認すれば、入れなくてもいいという判断ができると思います。

また、季節的に気温の高い夏場などは、火照《ほて》って見えるのでチークを控えるということもあります。

というわけで、仕上げのチークはバランスを見て、必要だと思った場合のみプラスオンでのせるにとどめておきます。

チークのパレットについているような小さめのブラシだと色が濃くのってしまい、ムラになることがあるので、大きめのチークブラシを使って、手の甲などで付きを確認しながら、ふんわりとのせていきましょう。

仕上げチークを入れる場所も、仕込みチークと同様、大人メイクの場合は、小鼻の横を起点とし目と顎先の中間あたり、が目安です。頬骨の上あたりの高い位置に入れてしまうと、昔っぽい印象になるので気をつけましょう。

仕上げチークも丸顔の人だったら縦長斜め上に、面長だったら横に広げるイメージでブラシを外に向かって動かします。そうすることで顔型もさりげなく補整できます。

次の項とP.222で、仕上げチークのおすすめテクスチャーや色をご紹介していますのでご参考に。

TIPS 49

春夏はマットなチーク、秋冬はパール入りチークを使う

仕上げチークは肌に溶け込むなじみの良い色を選ぶと、品の良さにつながりますし、幸せオーラもアップします。

デイリーに使える基本の色としておすすめしたいのは、**ピーチ系（ピンク＋オレンジ）やくすみのあるピンクベージュ**です。これらは、40代からの元気のなくなってきたお肌や日本人に多いイエローベースの肌色の方にもなじみが良く、入れる位置やのせる量を多少間違えた時でも、いかにも失敗！　という感じにはなりにくいです。P.222で紹介しているチークはいずれも万人ウケする色ですのでどれか一色という時に参考にしてください。

また季節ごとにチークの質感チェンジを楽しむのもワンランク上のおしゃれです。

春夏の汗ばむ時期は肌がテカりやすいので、パールやツヤのないチークを仕上げにのせるといいと思います。この場合、チークはフェイスパウダーの役目も果たしてくれるので崩れにくく、時間がたつと皮脂と混ざり合い自然なツヤが出てきます。涼しげな表情は、

{ RECOMMEND ITEM }

秋冬 × 艶

白との組み合わせによる艶やかでシルキーなソフトピンクは、秋冬の肌を魅力的に演出。コンスピキュアス チークス 06 ¥6,800（アンプリチュード）

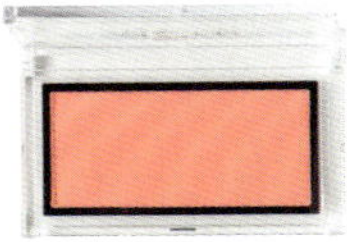

春夏 × マット

春夏の肌に似合うマットなピーチピンク。見たままの発色。ザ ブラッシュ 017 ¥2,800（アディクション／アディクション ビューティ）

ジメジメと鬱陶しいこの時期に引き立つはずです。

秋冬の肌が乾燥する季節は、逆にパール入りのシルキーなパウダーチークが映えると思います。頬に光を集めると潤った柔らかな肌に見えます。シルキーなパウダーチークを選ぶ際のポイントとしては、パールは繊細であれば繊細であるほどいいです。

40代以降になると、粒子が大きいパールのギラギラ感は、チークに限らずどのコスメでも似合いません。若作りや安っぽいイメージにつながりやすいので、実際にタッチアップし、かなり吟味して選ぶ必要があります。

また、仕上げもクリームチークを使うと、自然で健康的な肌に仕上がりますし、パウダーチークを使うと、品のある陶器肌に仕上がります。仕込みチークは血色を出すことが目的でしたが、仕上げのチークは、シーンやなりたいイメージによって使い分けるといいと思います。

TIPS 50

「歯」の色も口紅を選ぶ意外なポイントだった

年齢を重ねるごとにあらゆる箇所が黄ばんできて清潔感がなくなってくるというお話をしましたが、歯も同様です。程度はさまざまですが歯の黄ばみは、きっとアラフォーなら誰もが通る変化の過程。特にコーヒーや紅茶をよく飲む人は、毎日きちんと磨いていても歯に色素が沈着しやすいということを自覚しておいた方がいいでしょう。

実はこの歯の色というのも、口紅選びに密接に関わってくるのです。人と一緒にいてずっと口を閉じている人はいないですよね。笑ったり話したりなど、口が開いている時間の方がもしかしたら長いかもしれません。そういう時、唇の色によっては歯の黄ばみが目立ってしまう場合があります。**笑った時に清潔感があるかないかは、人に与える印象として大きな分かれ目になります。**

歯の黄ばみは、ピンクブラウンやオレンジブラウンなど、ブラウン系の色みが入った口紅であればなじみがいいので目立ちません。

各ブランドで幅広く展開されている色レンジなので、「歯が黄ばんでいると選べる口紅がない」なんて嘆く必要は全くないです。ちなみにP.128でご紹介したテラコッタは、歯の黄ばみにも対応できるおすすめの色です。

逆に避けた方がいいのは、ピンクベージュやオレンジベージュなどです。**洋服もアラフォー以降急にベージュが似合わなくなったりするのと同じで、ベージュはくすみを目立たせてしまうのです。**また歯茎の色よりも薄い色の口紅は、歯の黄ばみの方が勝ってしまうのでちょっと危険。

もし薄い色にトライしたいなら、歯のホワイトニングをしてみるのもいいかもしれません。歯の黄ばみが取れれば、口紅の色選びの幅が広がって楽しいと思います。

口紅選びの際、ちょっと鏡の前で歯を見せて笑って、唇と歯の色のコントラストをチェックする習慣をつけるといいと思います。

CHAPTER

5

10大悩みを解消する魔法のテクニック!

TIPS 51

顔が左右対称じゃない人は目の錯覚を利用する

この章では、ビューティチェンジにいらっしゃるお客さまの多くが気にされている、顔立ちや加齢の悩みについて、解決方法をお教えしたいと思います。

まずは「顔がシンメトリー（左右対称）じゃない」という悩み。実は、人間は顔も体もシンメトリーな人はほとんどいません。笑うと口元が曲がるなど、左右のパーツの大きさや高さが違うのは普通のことなのですが、意外に気にされている方は多いのです。

しかし、この悩みには、メイクでできるアプローチが効果大ですので、知ればきっと自信が持てるようになると思います！

眉や目の高さが左右で違うという場合、目の高さを合わせようとするよりも、眉の高さや太さを左右で合わせる方が効果的です。

P.159でお伝えした通り、アイブロウの描き方で、眉の高い方の下側の毛を描き足し、左右の眉の高さを低い方の眉に揃えると、目の左右差も意外に気にならなくなります。

また目自体の大きさに差がある場合は、大きい方に合わせたくなるかもしれませんが、そうすると全部を作り込むことになるので不自然です。**ラインの入れ方で大きい目を小さい方の目の印象に合わせる方が自然**です。

たとえば、左右で奥二重と二重だったら、両目とも奥二重に見えるよう、二重幅の広い方にアイラインを太めに入れ奥二重風にすれば、目の大きさがなんとなく同じように見えてきます。引き算の感覚でのメイクですね。

また、P.65でも説明した通り、片耳を出すなどアシンメトリーな髪型での目くらましも効果的。魅せ顔（自分が気に入っている側の顔）を見せるために、分け目を変えるのもひとつの手です。

大事なのは、完全な左右対称はそもそも不自然なので、「完璧に一緒であることを目指さない」ということ。顔の左右対称差を気にしているのは本人だけ、というケースも多いものです。

TIPS 52

平面顔には、眉下シェーディングが激効き！

遠心的な顔の人に多いお悩みが、「平面的な日本人顔をなんとかしたい」というもの。遠心顔は可愛らしくて若見えするのですが、同時にどうしても間延びした印象になりがちです。でも大丈夫、ちょっとしたメイクテクで劇的に改善します。

それがひとはけの眉下シェーディング。顔の上半分を立体的に見せるために、眉下と鼻根の内側に小さな三角形のシェーディングを入れるのです。

マットベージュのパウダーを目頭の横から眉頭の下にむけて「レ」を描くような気持ちでほんのりのせます。最後に中央に向かってさっとぼかしてあげると、その部分がたちまちくぼんで見えて、シュッとした彫りの深い顔立ちに激変します。目周りの彫りが深すぎない方以外は全員やった方がいいくらいのテクニックです。

前章でも紹介した眉の描き方やアイラインの入れ方など、求心的な視覚効果をもたらすポイントメイクとの相乗効果があると、より彫りの深い顔に見えます。

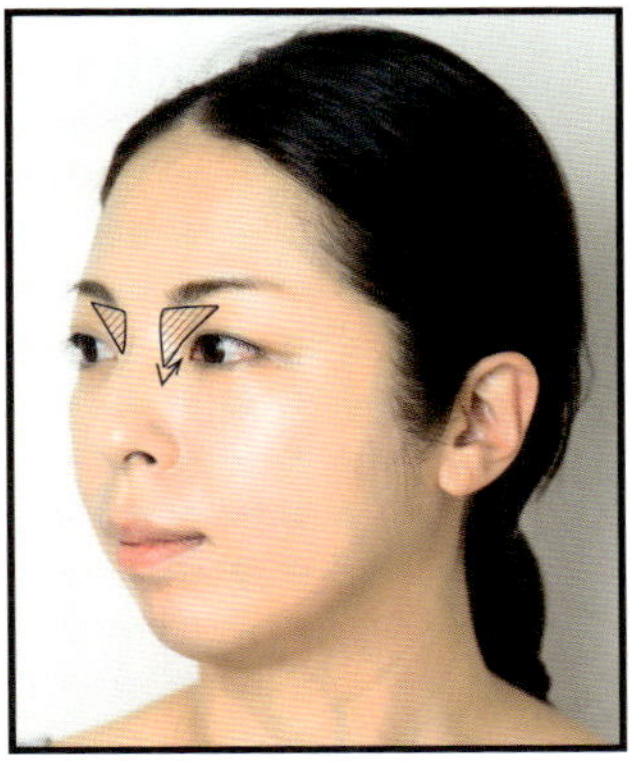

{ PROCESS }

図で示したように、眉頭の下の部分に小さな三角形のシェーディングを入れると陰影が生まれ、鼻筋もすっと通る。最後に指を使って眉と少し繋げるような感覚でぼかすと自然に見える。

眉下シェーディング・テクを取り入れると……

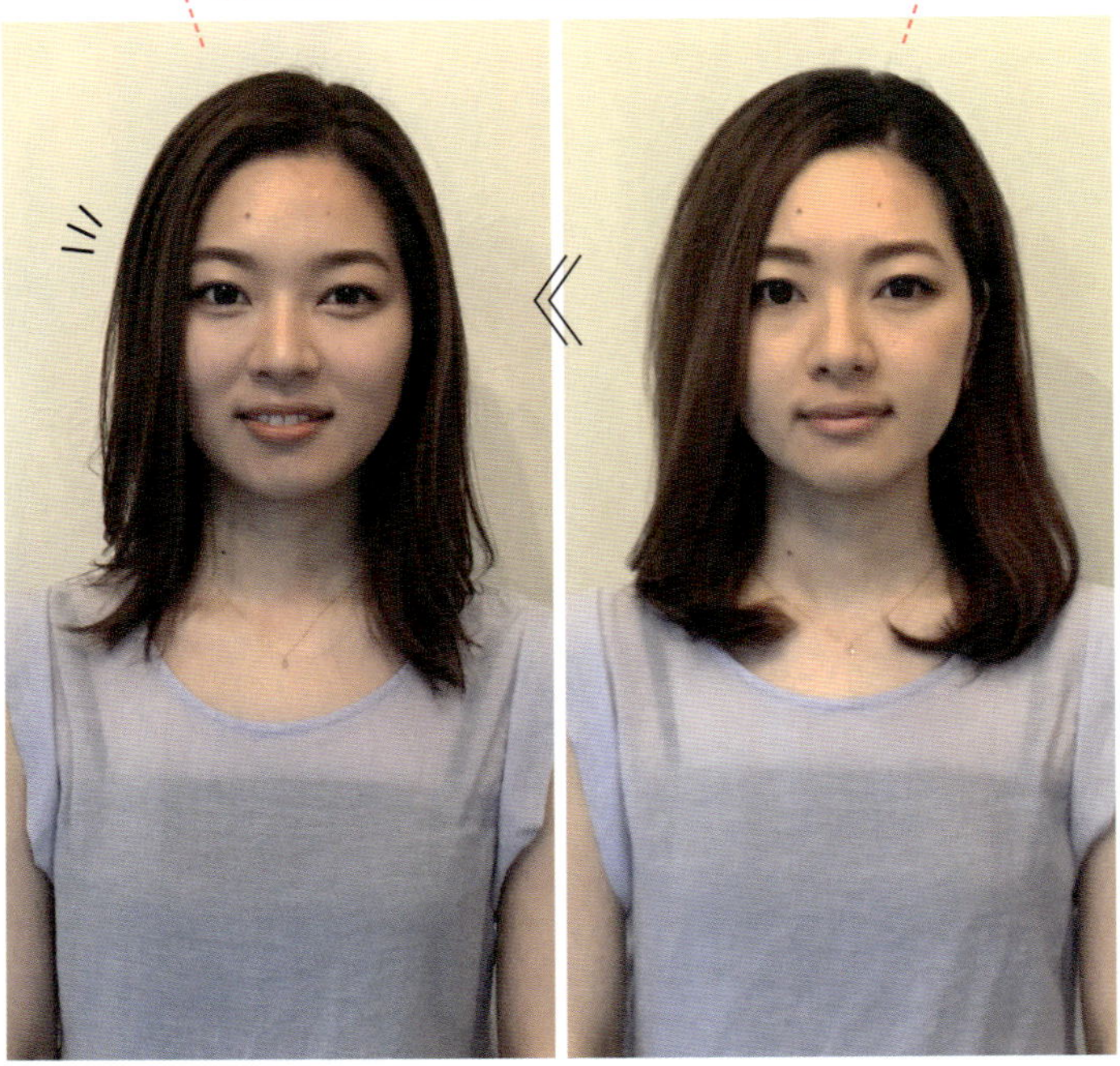

少しぼんやりしていた目元にぐっとメリハリがつき、さらに立体感ある顔立ちに。

TIPS 53

小鼻シャドウとハイライトで鼻の形も変えられる

ビューティチェンジが〝整形級メイク〟と言われる最大の理由は鼻の形の変化にあるのかもしれません。鼻は基本的には変えられないと思われているので「そこまで変わるの?」と驚かれるのです。**鼻の形の補整には、シェーディングとハイライトを使います。**鼻周りは細かい箇所なので、細めの筆でナチュラルかつきれいに仕上げることを意識しましょう。

丸みとボリュームがある小鼻を小さく見せたいなら、小鼻の側面にシェーディングを。さげたい、締めたい、削りたいところに影を入れるという感じです。

また、**鼻を高く見せるために鼻根(目の間の鼻が始まるところ)と鼻先だけにハイライトを入れます。**そうすると本当に鼻がシュッと前に出て高く見えます。少し前までは鼻のハイライトというと、おでことセットでTの字で入れるのが定番でしたが、それだとわざとらしい感じになるので、おでこ、鼻根、鼻先ともにつなげない方が自然に見えておすすめです。

{ PROCESS }

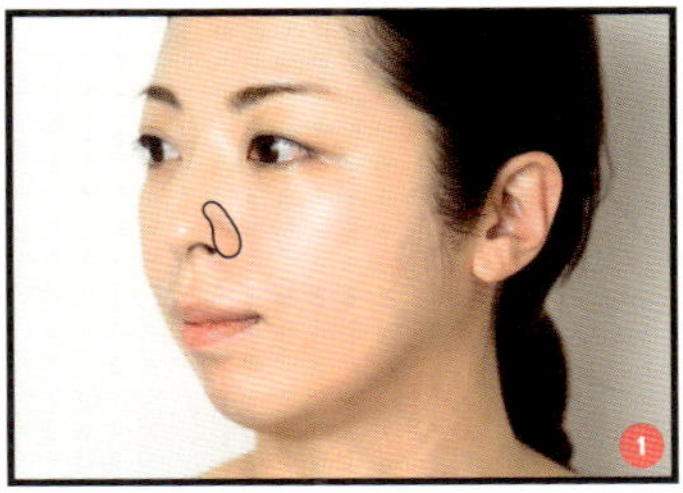

小鼻の左右の膨らみが気になる場合、影をつける位置は、図で示した通り小鼻の側面。小さな面積だけど効果は大。

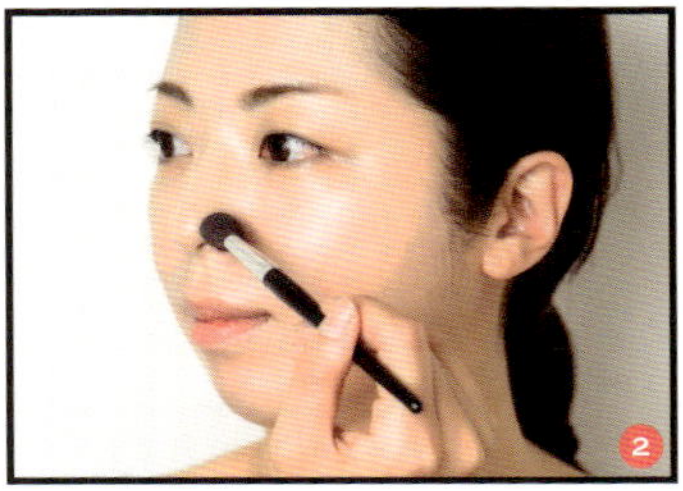

シェーディングのパウダーをつけたブラシの頭を小鼻側面にちょんちょんとのせます。指でぼかしてなじませればOK。

小鼻シェーディング・テクを取り入れると……

小鼻横のシェーディングと鼻根・鼻先のハイライトで、鼻の形自体が変わったように見える。

TIPS 54

重いまぶたにはエクステや〝つけま〟が救世主になることも

もともとまぶたが重いというお悩みの人に加え、アラフォー以降、皮膚のたるみによるまぶたの下がりが気になる人も多くなります。前章でも紹介したように、マスカラでまつ毛の根元を上げて持ち上げるのもいいですが、**一気に簡単に、まぶたを上げるなら「まつ毛エクステ」か「つけまつ毛」に頼るのもひとつの手**です。

一重まぶたの人はエクステで二重っぽい雰囲気にもなりますし、つけまつ毛はまつ毛の間をアイラインで埋める作業もいらなくなります。**つけまつ毛のコツは自然な毛並びのものを選び、際から2ミリくらい離してつけること**。グッとまぶたが持ち上がり、隠れていた黒目の部分が出てくるので目ヂカラがアップし、二重用のアイテープと同じような効果が得られるのです。

毎日のメイクプロセスを考えると時短にもなりますが、まぶたが重すぎる場合は、エクステやつけまつ毛の重さで余計にまぶたが下がることもあるので注意。また、エクステはこまめにメンテナンスしてないとバラバラになるのでそれも気をつけましょう。

{ PROCESS }

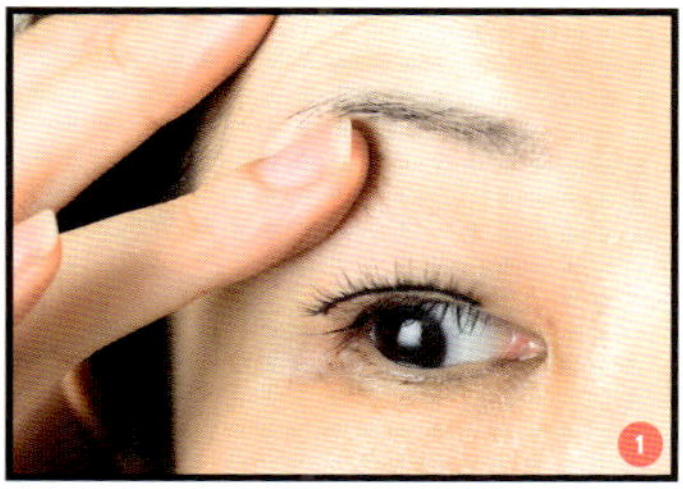

事前に自まつ毛をビューラーで上げる。そしてまつ毛の生え際から2ミリほど空けてつけまつ毛を装着。まぶたを支え、二重っぽく見せる。

自まつ毛の生え際とつけまつ毛の隙間が気になる人は、アイラインで埋めると◎。最後にマスカラを塗布してフィックスさせる。

大人のつけま・テクを取り入れると……

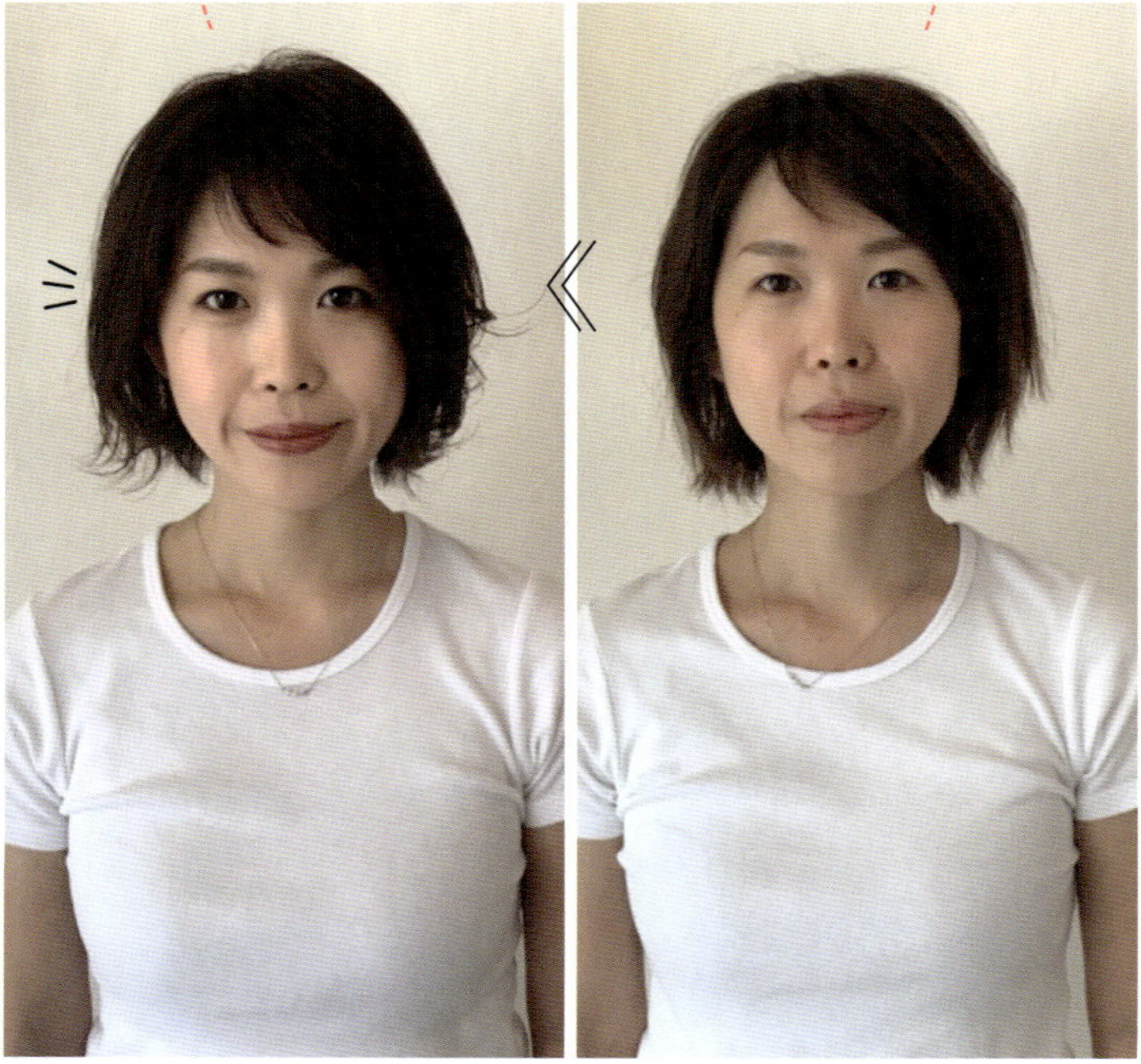

つけまつ毛で上まぶたを上げることで、涼しげな目元から濃くて印象的な目元に。逆に、目をあけた時に粘膜（まつ毛の根元）が見えているタイプの目には、つけまつ毛やエクステは派手になりすぎることもある。

TIPS 55

目がくぼんでいる人は、締め色シャドウはいらない

もともと外国人のように彫りが深い顔立ちの人や、また加齢によってまぶたがくぼんできた人は、まぶたの上に天然の影ができています。そういう人が、何も考えずにグラデーションパレットのメーカー推奨の手順に従ってまぶたに締め色をのせると、必要以上に影が強調され、疲れて見えたり老けて見えたりすることがあります。

まぶたがくぼんでいる人には、影はもういらないのです。逆に、肌のトーンよりも明るいベージュやピンクなどの膨張色でパール感のあるアイシャドウをまぶたのくぼみ部分に塗ります。こうするとまぶたのくぼみが前に出て、光を集め、目周りの印象が明るくなり、たちまち元気で若々しいイメージに仕上がるのです。

凹凸がはっきりしていて陰影が多い外国人風骨格の人は、ポイントメイクの色みによっては派手顔になりやすいということも覚えておきましょう。例えば、目元が強くなったと思ったら、印象を散らすために仕上げチークは塗らない……など、引き算の感覚でバランスをとるといいと思います。

{ PROCESS }

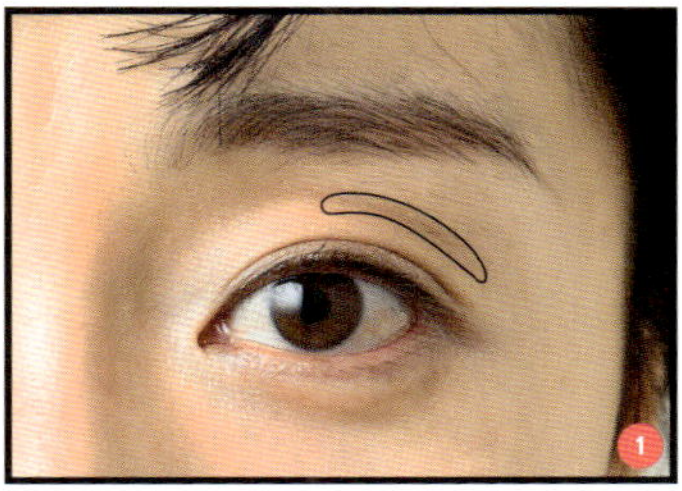

まぶたのくぼみによって影ができている目元。微細なパール入りのベージュ系アイシャドウは、一番くぼんだ位置に入れる。

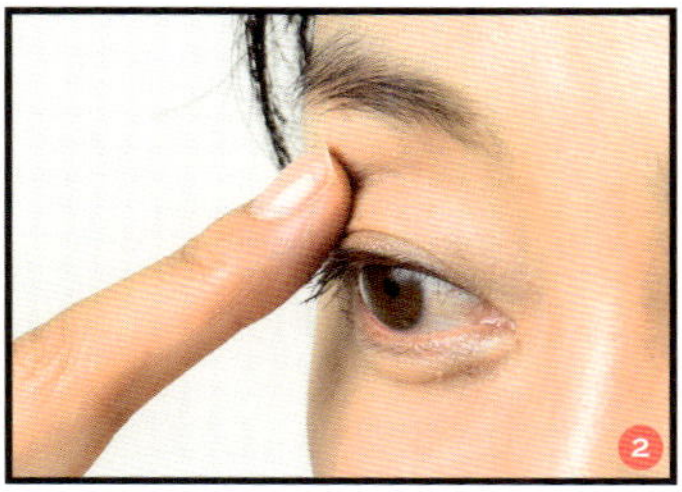

しっかりフィットするクリーム系シャドウを指でオン。くぼみ部分に塗布することで、まぶたに光が集まってくぼみが消え、目元が明るくなる。

膨張色シャドウ・テクを取り入れると……

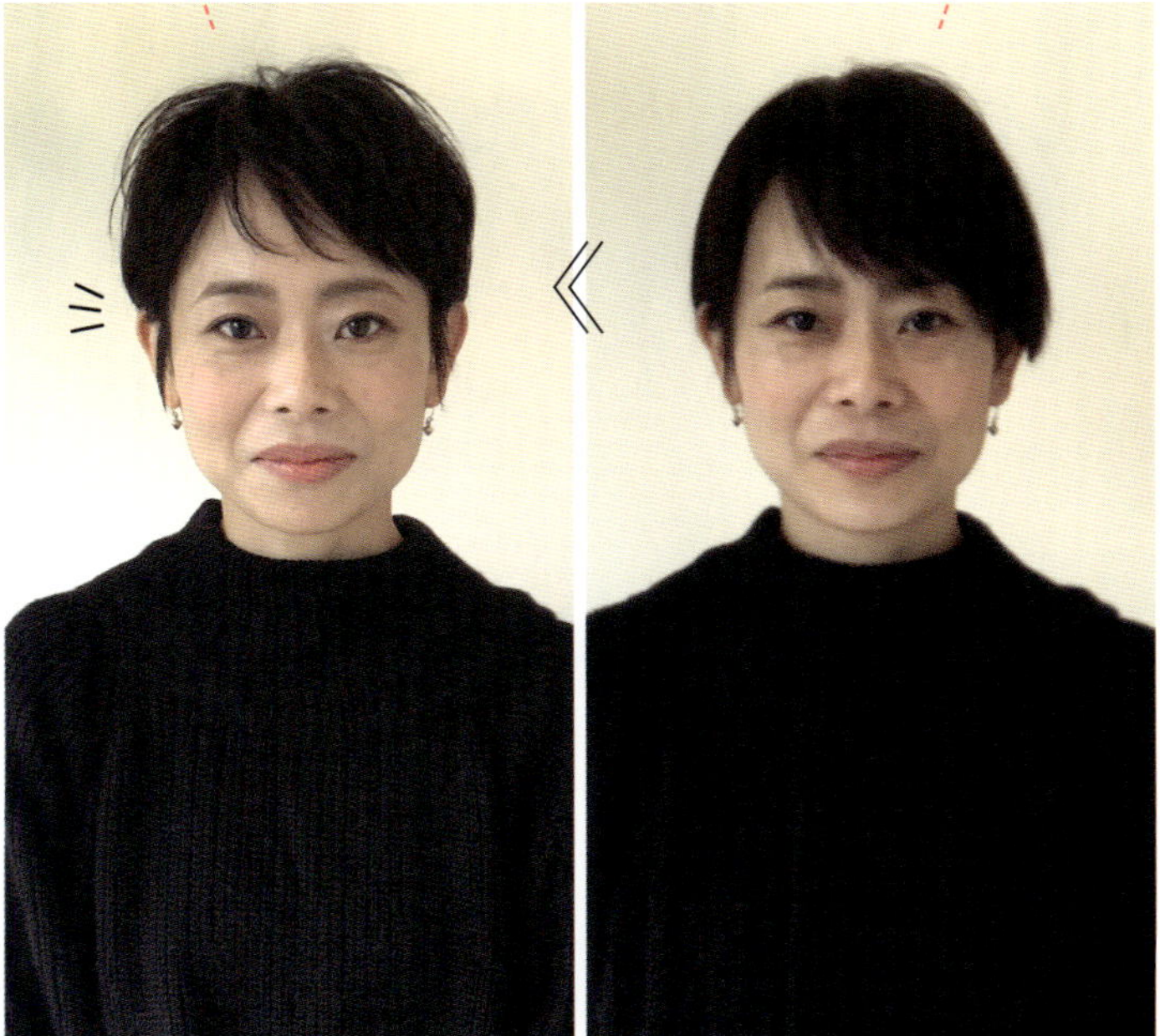

目元の彫りが深い人は、締め色を使わず、膨張色（ピンクやオレンジ）のパーリィなシャドウを入れると、若々しくフレッシュな印象に。

TIPS 56

頬のたるみやエラには「ダブルのV」

若い頃の写真と今の自分を見比べた時に変化が大きいのは、やはり顔の下半分なのではないでしょうか。皮膚にハリがなくなり、たるみ始めるとボリュームが顔の下半分に集中し顔型も変わります。**そんな下ぶくれフェイス、あるいはエラの張りに目くらまし効果を発揮するのが、下半分のフェイスラインに入れた「ダブルのV」**。

まず内側のVは、顎を中心に頬骨の下までV字にファンデーションを入れます。下から上に、顎をシュッと引き上げるような感覚でスポンジを動かします。

次に外側のVです。先程入れたファンデのVの外側、顎裏から耳の下までのフェイスラインに、薄付きのマットなベージュのパウダーでシェーディングを入れます。

V字をダブルにすることで、シェーディングはより影として引き締まり、ファンデーションは光を集めて立体感が出ます。口元が明るくなり、フェイスラインが上がることで、ほうれい線、下がった口角、マリオネットラインも目立ちにくくなります。

{ PROCESS }

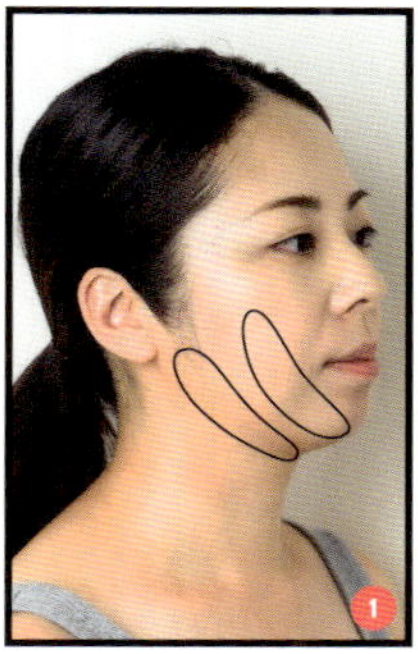

内側のVは、顔を真正面から見たときの顎先を中心に頬骨の下まで。外側のVは顎裏を中心に耳の下あたりまでフェイスラインをなぞる。

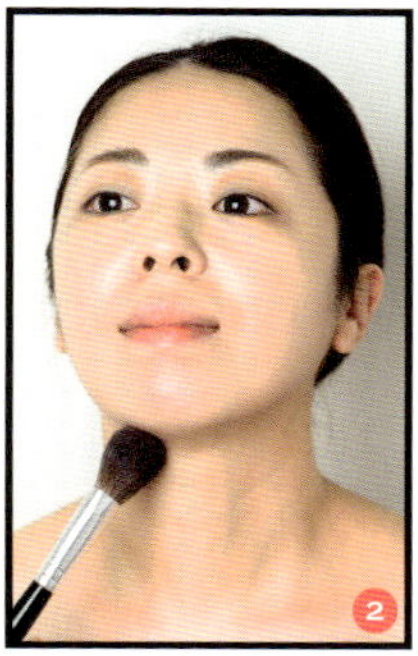

顎裏を中心に左右の耳下までつながる外側のVは、遠目から見たときに意外なほどに視覚効果を発揮するのでしっかり入れておきたい。

ダブルのV・テクを取り入れると……

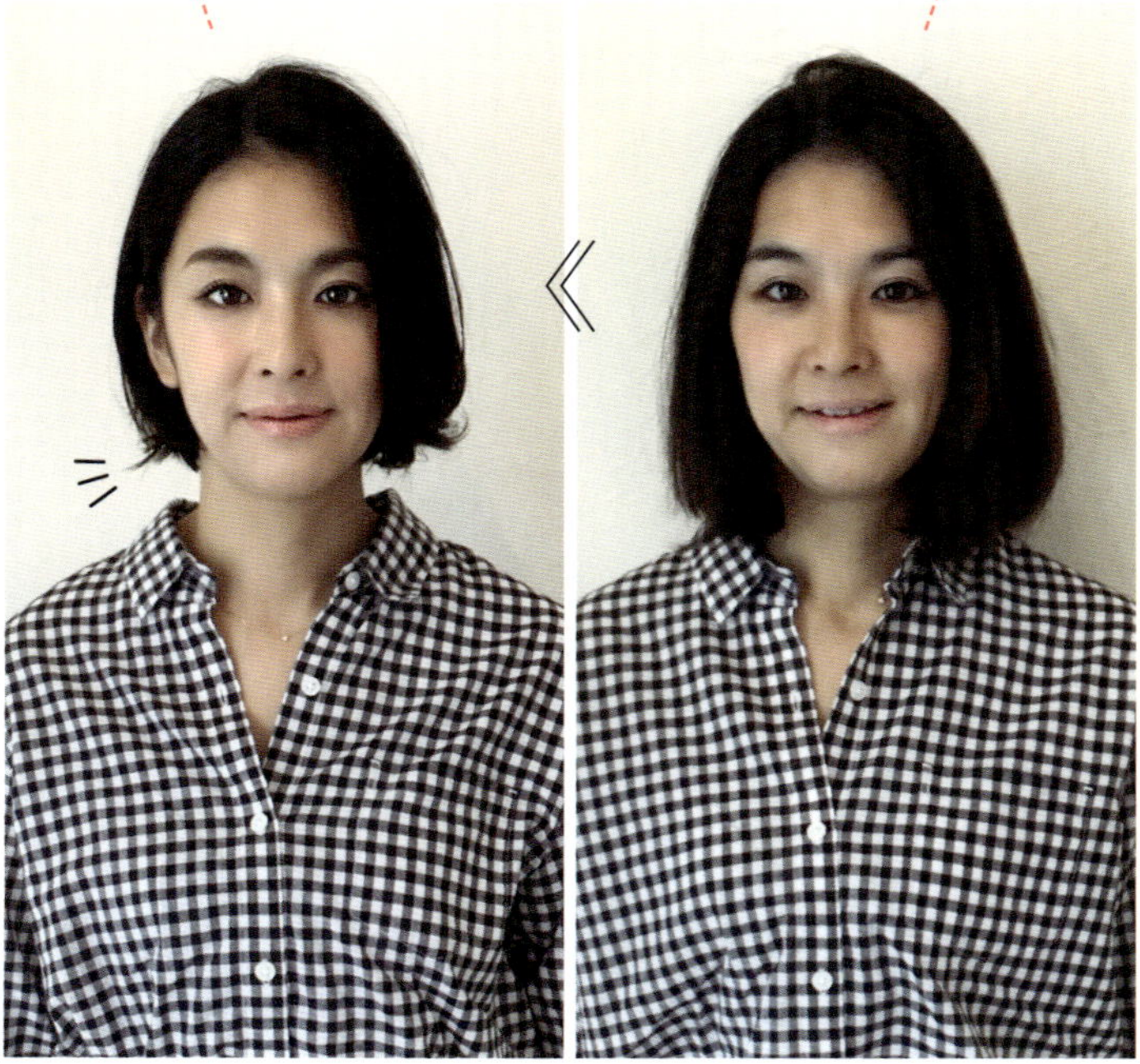

フェイスラインにダブルのVを入れることで、顎がとがって見えて、顔もリフトアップした印象に。

TIPS 57

ほうれい線が気にならなくなるすごワザ

夕方になって鏡を見ると、ほうれい線にファンデーションが溜まってさらに溝が強調されていることがありますよね。これには〝ファンデを塗らない〟がいちばんの解決策なのです。厚塗りをすればするほど崩れてシワに入っていきます。ただ、まったく塗らないのは現実的ではないので、ファンデを最低限にするための工夫が大事になってきます。

前の章でも説明したように、コントロールカラーで透明感を出し、コンシーラーでアラを隠すというプロセスを丁寧にやることが最重要。気になる箇所をカバーできていれば、ファンデはミニマムですむのです。

そして、**ほうれい線の目くらましに威力を発揮するのが、くすんだピンクなどの仕込みチークをほうれい線の始まり部分にかけるというワザ**。赤ちゃんのような血色がプラスされて、頬がナチュラルに上気して見えるとほうれい線が気にならなくなります。

{ PROCESS }

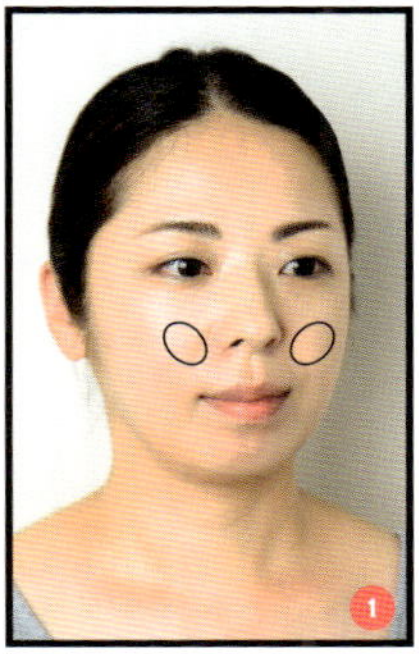

この場合の仕込みチークは、ほうれい線が始まる小鼻の横付近に、ほうれい線に対して垂直に（クロスするようなイメージで）入れる。

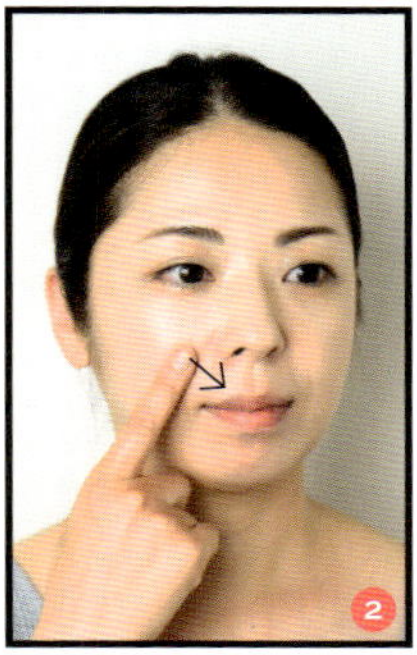

仕込みチークを入れた最後に指でなじませるように外側から内側にほうれい線に対して垂直にさっとかける。血色アップで健康的にも。

ほうれい線仕込みチーク・テクを取り入れると……

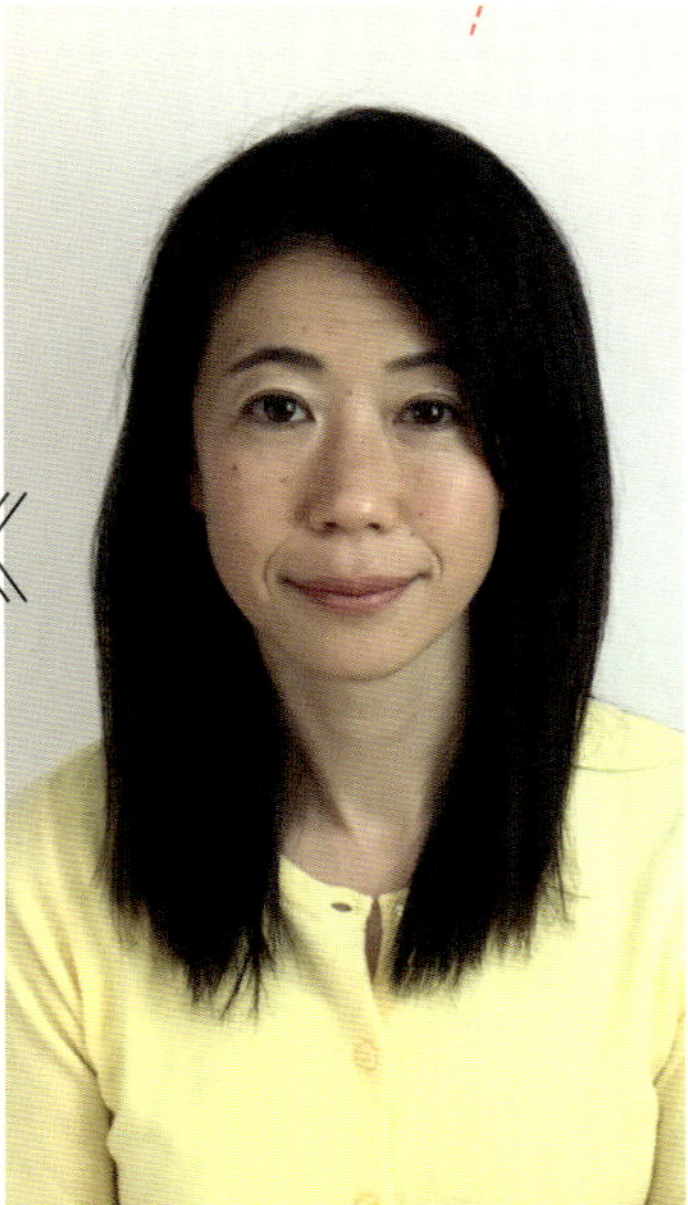

仕込みチークを小鼻の横に入れるだけで、フレッシュに上気したような印象になり、ほうれい線が気にならなくなる。

TIPS 58

毛穴が気になるなら スムーザーで陶器肌に

ほうれい線が気になっている人は、だいたい毛穴も開きぎみだと思います。**たるみによって細長くなった毛穴は、そのひとつひとつが影となって肌のたるみをより一層強調します。**

毛穴の開きが気になる箇所には、ファンデーション前にスムーザーを仕込む習慣をつけるといいでしょう。通常はシリコン入りのものがほとんどなのですが、肌への負担が気になる人は、ムーのスキンスムーザー（P.218参照）など、自然由来のものを選べばいいと思います。スムーザーは、化粧持ちもよくしてくれますし、ほうれい線も目立ちにくくしてくれます。

スムーザーを塗る方向は、下から上へ、外から内へ。指にとって少しずつなじませます。たるんだ毛穴は基本的に下に向いているので、皮膚を軽く引っ張るような感じで支えながら塗るときれいに塗れます。アラフォー以降は、肌に弾力がなくなってくるので、肌を支えないで塗るとヨレてしまいますし、**無駄に肌を動かさないこと**

はシワ防止の意味でもすごく大事です。

毛穴の目立つところ以外は、汗をかきやすいところにも、スムーザーを塗っておくといいでしょう。のぼせやすい更年期の方などは、メイクの上からでもプラスオンできるので、これをポーチに入れておくと安心です。

少し余談ですが、レッスンにいらっしゃるお客さまを見ていると、肌に何かを塗る時、タッチが強めな方が多い印象です。別に痛くないし、急いでもいるから、強くやってしまう癖がついているのかもしれませんが、もっとご自身の肌を大切に扱ってほしいと思います。

赤ちゃんに触るように、自分のことも丁寧に扱ってあげる。

そういう気持ちでメイクすると、品良く優しい顔に仕上がると思います。

TIPS 59

髪のボリュームダウンは日常習慣で対策を

薄毛の原因は、遺伝、ストレス、ホルモンバランスの変化、物理的なことなど、さまざまです。なので30代でも薄毛のお悩みを抱えていらっしゃる方は結構います。

まずは、アプローチしやすいところから対処していきましょう。薄毛対策のひとつは、髪を引っ張らないことです。髪をキュッと結ぶヘアスタイルを長期で続けていると、毛根に負担をかけるので抜けやすくなります。看護師さんやCAさんなど、アップヘアが規則になっている職業の方に多いお悩みです。職業柄、結ばないといけない方は毛根を休ませるためにもボブやショートにカットするのをおすすめします。

また分け目に関しては、**同じところで分け続けないことが重要**です。どうしても髪の分け目から薄くなってくるので、ひんぱんに分け目を変えたり、またジグザグにして分け目をあいまいにするのもおすすめです。

あとは、髪の乾かし方でボリュームを出す方法もあります。薄毛の場合はハチから上にボリュームがほしいので、ハンドブローで髪を左右に振り、分け目がつかないようによく乾かします。そのあとボリュームを出したい頭頂部や分け目の根元をつまみ上げながら立ち上がらせるように乾かします。**最後に冷風を、つまみ上げたままの根元に当ててボリュームを固定すると、更に効果的**です。

中途半端な乾き具合のまま寝てしまったりすると、変なくせがついたりボリュームが出づらいので、タオルドライ後は完全に乾くまで乾かし切るのが重要です。

ドライヤー前に塗布する洗い流さないトリートメントですが、ボリュームがほしい方にはおすすめできません。なぜなら、髪にハリとコシを出さなければならないので根元の油分は邪魔ですし、トリートメント自体の重さでボリュームダウンしてしまうから。そういう時は、何もつけないで乾かしてから、スタイリングの時にワックスをもみ込むのも有効です。

TIPS 60

くせ毛を救うのは縮毛矯正ではなくストパー

40歳を過ぎて髪質が変わった人に多いのが、髪が痩せてくせが出るパターンです。チリチリの髪がモワッと広がると老けて見えるし、なんとなく手入れされていないように見えるので、とりあえずまとめ髪にして凌いでいるという人は多いと思います。

くせ毛の対処に縮毛矯正をされる方がいますが、私はおすすめしていません。不自然なくらいピーンとまっすぐになるので、顔とのなじみがイマイチなのです。そして伸びてきた部分との髪質のコントラストも違和感が出やすいです。何より髪の表面をコーティングしてしまうので、その上からパーマをかけたりカラーを入れることが不可能になってしまいます。また〝シャキーン〟とまっすぐな髪には、コテを使っても思うような柔らかいカールはつきません。

一方、ストレートパーマは、ある程度まっすぐではあるけれど、ニュアンスのあるツヤ髪になるのでアラフォー向きです。**しなやかな髪質のまま手入れがしやすくなるのが最大の魅力と言えるでしょ**

う。もちろんストレートアイロンや巻き髪も楽しめます。時間の経過とともにほどよくパーマが取れてくるので、伸びてきた髪ともなじみます。

そういう意味でも、**元のくせが強ければ強いほど、縮毛矯正ではなくストレートパーマをおすすめしたいです。**各美容室、いろんな呼び方でメニューを作っているので、美容室でオーダーする時は、「髪を扱いやすくするためのストレートパーマで」とお願いするといいと思います。もし、美容師さんがわからなければ「コスメストレート」とか「酸性ストレートパーマ」と言ってみると理解されると思います。

更年期は頭汗もかきやすくなるので、前髪だけ、髪の内側だけなど、部分的にストレートパーマをかけてボリュームダウンし、モワッと膨らまないようにしている方も結構いらっしゃいます。トリートメント感覚のストレートパーマで、くせ毛でも簡単に手入れがしやすい髪になりますよ！

CHAPTER

6

「今の自分が最高!」と思える
なりたい自分の見つけ方

TIPS 61

「似合う」だけを追求しても迷子になる

ここまでの章で、ビューティチェンジにいらっしゃるお客さまたちが共通して間違いがちなポイントや、知っているだけで、確実に美しくなるヘアとメイクのルールをご紹介してきました。これらのコツを実践するだけで、読者の皆さんも見違えるような変化があるはずです。

とはいえ、実際のビューティチェンジ・レッスンで、7割以上のお客さまがリピートもしくは他のお客さまを紹介してくださる理由は、**ヘアやメイクのテクニックばかりでなく、「なりたい自分」を引き出すための2時間の事前イメージセッション**にもあります。

インスタなどでビフォア・アフターの実例を見てこられたお客さまがよく言われるのは、「よく見かけるビフォア・アフターのメイク企画ではアフターが盛られすぎていて、本人は居心地悪そうな場合も多いのに、ビューティチェンジではどなたも長所が引き出され、内面からの自信が伝わってくる」というもの。確かに、お客さまのビフォア・アフターの写真は、ビューティチェンジ・レッスンの直前と直後、2〜3時間差で撮っているのに、外見も中身も別人になったかのような印象を受けるかもしれません。**なりたい外見の自分になるのはこんなに人を変えるんだ**、ということをお客さまのいきいきとした表情や反応を見ていて感じさせられます。

この本を手に取られているあなたもそうですが、美容やファッションに興味を持たれている方は、自分に似合うものはすでにだいたいわかっていらっしゃるのではないでしょうか？

女性誌で特集を組まれるほど、今、骨格診断やパーソナルカラー診断が大人気ですから、「自分に似合うのはこれ！」という情報をすでに知っている方もいるかもしれません。これらの診断は、「骨格がウェーブだから、ワンピースはウエストシェイプがおすすめ」「パーソナルカラーがウインターだから、雪のような真っ白が似合う」など、既存のカテゴリーに自分を当てはめます。ビューティチェンジに来られる意識の高いお客さまも、だいたい、そういった診断を雑誌や本でやってみたり、教室や講座に行かれたことのある方

TIPS 61 「似合う」だけを追求しても迷子になる

が多いのです。

それなのに、彼女たちがまだ「迷子」のままなのは、「似合うと言われるメイクや髪型、洋服はあまり好きじゃない。なりたい自分になれた感じがしない」からだというのです。

人が**真に自信を持って変わるためには、客観的な「似合う」だけでは不十分で、必ずそこにその人なりの「なりたい」が重なっていないと100%の満足には至らない**のです。

「似合っている」というのは、客観的視点であり、その人の一般的なチャームポイントが最大限に活かされている状態。「なりたい」は本人の心からの欲求、理想の外見像、憧れのライフスタイル。

この2つは完全には同じものではなく、重なるところを目指して、ヘアとメイクで近づけていくことで、〝その時の最高の自分〟になれるのです。「似合う」だけを追い求めて迷子のままだった人も、自分の本音に耳を傾けて「どうなりたいのか」に真剣に向き合っていくことで、理想の自分に変われるはずです。

今の自分が
最高！と
思えるには……

なりたい

- □ 好きと嫌いを深掘り（好きな有名人、嫌いな有名人など）。
- □ 自分の内面を深掘り（本心でそうなりたい？ 人から期待された自分ではないか？ など）。

最高の
自分と
思える！

似合う

- □ 自分を客観視（他人の目線で見る）。
- □ 自分の長所と短所を知る。

TIPS 62

「どうなりたいのか」がわからない人が実は多い

「ヘアスタイルが全然決まらなくなった」「化粧した顔と服がチグハグに見えるようになった」「好きだったテイストの服が急に似合わなくなった」「長年愛用していたコスメが肌に合わなくなった」……など、今までやっていたことが急に通用しなくなった感覚や経験はありませんか？

40代は体そのものがガラッと変わる分岐点です。自分の意思とは関係なく大きな変化を迎えた違和感で、何をどうすればいいのか、どこを目指せばいいのかわからなくなるという方がとても多いです。**アラフォー以降で「こうなりたい」と目指すゴールが明確に決まっている人は、そんなに多くいません。**

ビューティチェンジの事前セッションでは、コーチングのメソッドをベースにお話を聞いています。お客さまは、質問に自らの言葉で答えることで、改めて自分の意思に気づかれます。お話し中、お客さま自身が **「無意識のうちにリピートする言葉」こそが大切なキーワード**です。

また、なりたい自分を明確に持っているつもりの人でも、本当に心の底からは望んでいないこともあります。他人の目、社会の目など、第三者の目線を優先してご自分の本音を押し殺している場合もあるからです。例えば、「可愛くなりたい」というのが本音だとしても、年齢を気にして口に出せない人もいます。「こんなこと言ったら、笑われちゃいますかね？」と前置きして語る言葉こそ、実は今現在、欲していることだったりするのです。さらには、外見の変化を求めてきていたつもりが、実は内面の変化を望んでいたということもあります。どうなりたいのかを明確にするには、自分の内側から出てきた言葉をキーワードとしてつなぎ合わせ、お客さま自身に気づいていただくしかありません。

この章では、ビューティチェンジの事前セッションの代わりとして、あなた自身が自問自答するセルフワークをいくつかご用意していますので、「自分自身がなりたい方向性」を見つけるためにも、ぜひやってみてください。

TIPS 63

好きな有名人、嫌いな有名人の共通点を見つける

「こうなりたい」というイメージを具体化するために、まずは外見が好きな同性の有名人、外見が嫌いな同性の有名人をそれぞれ思い浮かぶ限り挙げてみましょう。同時にその理由も考えていきます。それらを組み合わせていくと、あなたの「なりたい」が見えてきます。

できれば大きめのノートに書き出していくと、頭の中も整理しやすくておすすめです。**後で見返した時にどんなことでもヒントになるので、とにかく思いついた言葉を書き出していってください。**

たとえば好きな外見の有名人だったら、こんな感じです。

井川遥さん↓長い髪、ぽってり唇、セクシーな感じ、なのに品もある、大人カジュアルな感じ

中村アンさん↓かきあげ前髪、健康的、セクシーな感じ、アクティブな感じ、女性らしい

このように**できる限り多くの人物名とその好きな理由をリストア**

ップしていきます。一般的なイメージではなく、ご自身が感じる理由を書き出していくのがポイントです。ひとりではなく、複数挙げることで求めている傾向が見えてきます。上記の井川遥さんと中村アンさんの例だと、「セクシーな感じ」というのが共通で出ている言葉で、「長い髪」「かきあげ前髪」というのがちょっと似ているからリンクしそうな要素かもしれない、という分析ができます。

そうやって好きな場合だったら「親しみやすい感じが好き」とか「凛としたクール系がいい」とか「可愛い系も格好いい系も両方好き」など、逆に嫌いな場合だったら「派手なのが嫌」「品のない感じが苦手」など、なりたいイメージを具体化していくための手がかりとして考えていきます。

この作業はとても有効で、漠然とした理想像や苦手なイメージを、細かな要素として分割していくことで、なりたい外見を具体化し、美容院に行った時に美容師さんに伝えるイメージなどにつなげていくわけです。

過去に、ビューティチェンジにいらしたお客さまで、好きな有名人を挙げていただくと、あまりにもバラバラでちょっと傾向がわかりづらい方がいらっしゃいました。

理由を探っていくと、ご本人は格好いいのが好きだけど、ご主人が可愛い系が好きだということが見えてきました。ご主人という第三者の好みが無意識のうちに、ご自身の好き嫌いにまで入っていたのです。もちろん、「旦那さんのことが大好きで、そこに合わせる自分が好き」というなら、それもOKです。

とにかく自分自身でどうしてそれが好きなのか、嫌いなのかをときほぐし、理解しておくということが大事なのです。 場合によっては、「旦那さんといる時はこっちで、一人でいる時はこっち」と、なりたいイメージに合わせて髪型やメイクを使い分けたりするのも

TIPS 63 好きな有名人、嫌いな有名人の共通点を見つける

ありなのではないかと思います。

　ビューティチェンジでも必ず好きな外見の有名人を聞きますが、名前が挙がるのは、最近だったら石原さとみさん、新垣結衣さん、中村アンさん、本田翼さん、亜希さんなどが多いです。また昔から根強く支持されているのが、深津絵里さん、永作博美さんなど。相対的に透明感、清潔感のある人が人気だな、といった印象です。

　また、**井川遥さんは安定して人気なのですが、面白いのは、好きな理由が人によって違うところ。**やさしそう、柔らかい印象、清潔感がある、セクシー、色っぽい……など、人によって好きな理由の振り幅が大きいのが特徴です。

「井川遥さんみたいになりたい」と言っても、「セクシーに見えたい」のか、「清潔感を出したい」のかでは、まったく違うゴールになりますよね。

　だからこそ、**好きな人の名前を挙げると同時に、その理由を付け加えるのはとても重要なこと**なのです。

TIPS 64

「なりたくない」の反対にこそ、本当の願望が見える

第一印象で損をしていると思っている方は結構いらっしゃいます。**お客さまに多いのが「キツく見られがち」「周りからナメられがち」「派手な人だと思われる」というようなお悩み。**

そういうお悩みは、ご自身の中で「本当の自分と外見が合っていない」と感じている人に多いのですが、「外見」と「内面」が違うこと自体は、〝ギャップ萌え〟などという言葉もあるように、特にネガティブなことではないはずです。

ただし、**「外見」と「内面」が違うと、自分を表現するのが苦手な人にとっては、誤解を生みやすい**かもしれません。仕事や人間関係がスムーズにいかない場合もあって、現実的に〝生きづらさ〟を感じ、「こうは見えたくない」という思いが強くなるようです。

「なりたい自分」がはっきりとイメージできないという方でも、「キツく見られたくない」「大人しく見られたくない」「ナメられたくない」など、「なりたくない」形からなら、イメージしやすい場合もあります。

なりたくないイメージをなるべくたくさん書き出し、逆の方向性を考えることで、自分がなりたいイメージやほしい印象をあぶり出していくのです。

たとえば「キツく見られたくない」なら、「やさしそう」「やわらかい感じ」「話しかけやすそう」など逆のイメージをいくつか挙げて、自分がしっくりくるものを選んでいきます。それを繰り返すうちに、ちょっと時間はかかっても「これだ！」という、納得いく「なりたい自分像」が見つかるはずです。

女性は揺らぎ続ける生き物です。一生の中でもそうだし、極端な話、一日の中でも朝と夜で思うことが変わることもあります。なので、ひとつのイメージに縛られすぎるのも不自由ですし、そうじゃなきゃいけないと決めつけてしまうと疲れてしまいます。

目標だって振り幅があると、無理がないから続けやすいですし、自分で選んだものであれば人から反対意見を言われた時でも前向きでいられるはずです。

TIPS 65

仕事で成功したいか、婚活したいかでは方向性が変わる

ヘアとメイクを変えたい理由はみなさん千差万別ですが、やはり仕事か恋愛関連の理由を挙げる人は多いです。そこからさらに個別の環境ごとに枝分かれしていくので、本当に人それぞれゴールで見たい景色というのは違います。

この時、**変わりたい目的によっては、自分目線だけでなく他者目線を重視しないといけない場合もあります**。

たとえばあなたが学校の先生だったとします。仕事で信頼を得るのが目的なら、その職場環境も考慮しつつイメージを膨らませていきます。「清楚」「落ち着いた」「奇抜じゃない」「品がある」「威厳がある」「真面目そう」「明るい」「オープンマインド」「しっかりしている」などといった雰囲気を大切したヘアとメイクをすると、周りからの信頼を得られそうです。またあなた自身もその外見なら、環境に簡単になじむことができると思います。

そして同じ人でも、婚活での成功を目的とするなら、仕事バージョンの中で活かせるイメージ「清楚」「品がある」「明るい」「オープンマインド」を共通ベースとし、「女らしい」「キュート」「ほどよい色気」「華やかさ」を加えていけばいいでしょう。

婚活に効きそうな「女らしさ」「華やかさ」「色気」は、仕事の時はマイナスになる場合もあるでしょうし、仕事での信頼アップにつながる「落ち着いた」「威厳がある」「真面目そう」「しっかりしている」などは、婚活の場面では男性陣から敬遠される可能性もあります。もちろんどういう人に好かれたいか、何を優先するかで全く結果は変わってくるので、基本はやはりあなたがどう考えるか、です。

仕事や婚活に限らず、外見を変えることで明確に成し遂げたい目標がある場合には、どの程度他者目線を優先するのか、それもあらかじめ考えておきましょう。

TIPS 66

「最高に似合う」を見つけるには、他人の目で自分を見る

前の項で、自分の満足度を最大限あげるには、自分の「なりたい」イメージと、自分に「似合う」イメージの重なり合うゾーンを狙っていくのがよいと書きました。ここまでで、あなたの「なりたいイメージ」は明確になってきたでしょうか?

今度は、「似合う」について考えていきましょう。ビューティチェンジにおいて「似合う」とは、長所を最大限活かせていること。長所に目がいくことで、自然に短所が見えにくくなる状態を指します。

5章までで書いてきたヘアやメイクのテクニックも、基本的には、アラフォー以降の女性の長所を活かし短所を目立たなくするためのものですから〝似合わせテク〟であるとも言えます。

ただし2章の「上半身のタイプと顔の大きさ」のマトリックスによる似合う髪型も、3章以降の「遠心顔・求心顔」のメイクテクも、あえて単純化してカテゴライズしたものなので、自分に、〝完璧に〟似合うようにカスタマイズするためには、自分の客観的な長所・短所をもっと細かくあらゆる角度から見ていくことが大事です。

客観的な自分を知るには、他人に「自分の印象や、何が似合うと思うか」を聞くのがよいでしょう。ただし、人からの意見は参考にするべきものと取り入れなくてもいいものがあります。

最も**参考にすべきは、あなたが意見を聞きたいと思う感性を持ったフラットな立場の人の声**です。あなたがセンスがいいと思っている信頼できる美容師、美容部員、服の販売員など。関係性としてある程度の距離のある人の方がいいでしょう。

なぜなら女友達は嫉妬や競争心があったり、あるいは遠慮がある場合もあり、あまり本音は聞けません。また、一番親身に考えてくれそうな親やご主人も、〝子供にはこうあってほしい〟〝奥さんにはこういてほしい〟という理想を押しつけることがあり、実は、客観的意見を聞く相手としてはおすすめできません。

他人目線のフラットな意見を集約して「似合う」をつきつめて行くことは、自分の気づかなかった魅力を再発見していく楽しい作業でもあります。

TIPS 67

「自撮り写真」と「人から撮られた写真」の差に注目する

自分がすでに持っているものや、魅力を活かすことが「似合う」ということだとすれば、自分の〝今のチャームポイント〟に気づいた人ほど早く「似合う」に到達できるということです。そのためには、自分を客観視することが何よりも大事。自分が一体どう見えているかを客観視できる便利なツールのひとつは、やはり写真です。**ただし写真も2種類あり、スナップ写真など人から撮られた写真には「今の客観的な自分」、セルフィー（自撮り）には「こう見られたい自分」が出ます。**

どちらの写真も参考になると思いますが、自分のポテンシャルを知りたい、という意味では人から撮られた写真の方が優先です。まず人から撮られた写真は、日常あなたがしている表情であり、人から見たそのままの自分に近いです。まず最初は、いいところから目を向けていきます。

「笑っているといい顔だな」「意外と体型バランスは悪くないな」

「顎がシュッとしているかも！」など、自覚していたよりいいと思える部分がひとつかふたつはあるはずなので、そこを大事にしてください。

そしてやはり目を背けたいけれど、気になってしまう「シミやシワ」「まぶたが下がってきている」「顔が大きい」などのマイナスポイント。そこも今の自分の現実として客観視しましょう。

そして今度は、「こう見られたい自分」が出る、自撮り写真と比べてみましょう。体型はごまかしがきかないかもしれませんが、顔は表情や角度などでかなりよく見せているのがわかると思います。目を大きく見開いてパッチリ目を演出していたり、顔を斜めにして顎ラインをシュッと見せていたり。

その差に注目すると、現実となりたい自分の距離感が少しわかると思います。自分という素材を正しく把握するのは「似合う」を見極めるスタート地点です。

TIPS 68

動画を撮ると、怖いほど、自分の良さも悪さも見える

誰かに撮ってもらった写真以上の効果を発揮するのが動画です。自分の動画を見たくないという人もいるかもしれませんが、勇気を出して、ムービーの録画モードにしたスマートフォンを部屋のどこかに置いて、自分を定点観測してみましょう。カメラで撮っているのは自分でわかっているので、最初は不自然になるかもしれませんが、そのうち気を抜いている本来の自然な姿を見ることができると思います。

動いている姿、誰かと話している時の表情など、今の自分を客観的に見るにはこれ以上ない材料です。

しかも動画を見ると、自動的に他人の目線で自分を見ることができるので、自覚しているイメージとの違いに驚くことがあるかもしれません。

結局、**人は「自分が見られたいように」自分を認識していることが多いので、自分が思う自分というのは他人が見ている自分とはかけ離れていることもあります。**

他人の目線で自分を見ることで自分の良さも悪さも気がつくことができるのです。

「意外に華奢に見えた」「笑った時にすごくいい表情をする」「仕草が女っぽかった」など、見るまでは気づいていなかったプラスの魅力もあれば「思っている以上に姿勢が悪い」「思っていたよりポッチャリ見える」などマイナスの欠点もしっかり見ることができます。

気になった箇所、思ったより素敵だった箇所をくまなくチェックして、自分をとことん観察しましょう。そしてよい部分を活かし、気になった箇所で変えたいと思うところは変えていきましょう。

この動画チェックは髪を切った時、新しい服を買った時など、定期的にやると、また新しい発見があっていいのでおすすめです。

TIPS 69

あるものを最大限に活かせば持続可能な美が手に入る

自分を客観視し続けると、どうしても短所に目を向けてしまいがちです。しかし、自分のダメな部分、コンプレックスからスタートする美容は、ある意味**ゴールが見えないとても苦しいマラソンみたいな感じになってしまう**と思います。いろいろ頑張って、お金も時間も使ったけれど、結局ゴールがわからないままだった、みたいなことって結構あるんじゃないでしょうか。

例えば、整形はもちろん悪いことではないですが、メンテナンスし続けるのにコストがかかるし、手術という意味ではリスクもあります。もしうまくいかなかったら、整形前よりもアンハッピーになるかもしれない。そして、ひとつ直したら、今度は違う部分が気になり始める……みたいなことにも陥りがちです。

整形はしないまでも変えられないもの、例えば骨格や髪質などを無視して、あまりに自分の特徴と真逆の髪型をやろうとすると、なんとかできたとしても、メンテナンスも必要になるし、時間もお金も労力もかかり、いろんな意味でコスパは良くないでしょう。

客観的な今の自分の現在地を知るというのは、自分自身を最大限に活かすことにつながります。加齢によって途中から変化したものをなかなか受け入れられない人もいますが、例えば「髪が痩せてきたので、以前よりも扱いやすくなった」など、そのプラス要素に気づける人は、どんどん魅力的になっていきます。

年齢とともに崩れていく、**変化していくことは自然なことなので、それを受け入れて今の自分を活かすことが、持続可能な美しさにつながる**のだと思います。努力やお金で買えるものもありますが、自分の持って生まれたもの、今あるものを活かせば、手間もお金もからず、自分だけの魅力をずっと光らせ続けることができます。

今のチャームポイントを知ってそれを愛すること。それが「似合う」を発見するにはいちばん大事なことだと思っています。

その時々の自分の魅力を探し続けること。そして、自分の内面の声を聞き「なりたい自分」を模索すること。それこそが、一生美しく、前向きに生きていくための秘訣だと思います。

どんな自分を目指すのかイメージができましたか?

6章では、なりたい自分になるために、“自分の内面も外見も客観的に見る方法”を繰り返しお伝えしてきました。ビューティチェンジのセッションでも、私たちはお客さまが「ご自身で望みを知ること、気づくこと」が大事だと考えています。今回、本を読んでいただいた読者のみなさまも、ご自身で考えを深められるようにセルフワークを以下にご紹介します。ノートを用意して書き出し、頭の中を整理し、イメージするのに役立ててみてください。

{ WORK-❶ }

チェンジしてどうなりたいのか、目的、動機を書き出します。

仕事で昇進したい、結婚したい、転職したいなど、変わりたい理由はヘアオーダーする時にも有効です。

{ WORK-❷ }

人から言われる自分の印象を書き出します。

プラスの印象は魅力、チャームポイントだから活かしていきます。マイナスのことで自分でも嫌だと思っているところは、変えていく努力をしましょう。

{ WORK-❸ }

自分で認識している自分の印象をいいことも悪いことも書き出します。

②番との違いを意識しながら、「自分が思う自分」を深掘りしていきます。

{ WORK-❹ }

なりたいイメージ、印象を書き出します。

可愛い、きれい、格好いい、垢抜けたい、洗練されて見られたい、など。ヘアオーダーする時に有効な言葉です。

{ WORK-❺ }

こうはなりたくない、というイメージ、印象を書き出します。

P.202参照。気弱に見られたくない、キツく見られたくない、年齢より上に見られたくないなど。これも、ヘアオーダーする時に有効な言葉です。

{ WORK - ❻ }

人から言われてうれしい言葉、印象を書き出します。

やさしい、美人、可愛い、個性的など、実際に言われるかどうかに関係なく、
うれしい言葉は、なりたい自分の大きなヒントです。

≫

{ WORK - ❼ }

外見について人から言われて嫌だった言葉

派手顔、地味顔、目がキツい、ぼんやり顔、丸顔など、嫌だった言葉はコンプレックス。
メイクやヘアを作っていく上で乗り越えていく、カバーしていくポイントです。

≫

{ WORK - ❽ }

外見が好きな芸能人とその理由、嫌いな芸能人とその理由を書き出します。

P.198参照。なりたいイメージ、嫌いなイメージを再確認します。

≫

{ WORK - ❾ }

読んでいる雑誌、好きな洋服のジャンルを書き出します。

カジュアル、コンサバ、ほっこり、ナチュラルなど、好きなテイストを再確認します。

≫

{ WORK - ❿ }

気に入った髪型、メイク、顔、服などの切り抜き写真をノートに貼ってコラージュします。

「なりたい」を形作っていくイメージトレーニングです。イメージできたら、半分なれた
ようなもの。そういう意味で材料を集め可視化しておくことはとても大事です。

≫

{ WORK - ⓫ }

現在、あなたが大切にしていると感じる内面と外見の比率

内面： 　　　% 外見： 　　　%

最終的な自分の満足がどこにあるかがわかります。外見の比率が高ければ、
外見が変わるだけでも自己肯定感が高くなります。

本気で選んだ名品だけ！
おすすめコスメリスト

私が個人的にも愛用していて、お客さまのヘア＆メイクにも頻繁に使っているコスメと美容アイテムをご紹介します。自信を持って太鼓判を押す優秀アイテム揃いです。

日焼け止め
Sunscreen

私のメイク法では、全顔にファンデを塗りません。だから唯一全顔に塗るアイテムが日焼け止め。日焼け止めは、白っぽくならずに透明感を出すものを選びます。

WELEDA

生後1ヶ月の赤ちゃんでも使える100%天然由来成分で、石鹸でオフできます。保湿力が高いのにベタつかずすっと伸びるテクスチャー。エーデルワイス UVプロテクト 50ml ￥2,300（ヴェレダ／ヴェレダ・ジャパン）

LANCÔME

日本人の肌色に合わせて開発され、健康的で透明感のあるピンクのヴェールをかけたスキントーンに。くすみも瞬時に消し去ってくれます。UV エクスペール トーン アップ ローズ 30ml ￥5,800（ランコム）

これもおすすめ

- 日焼け止め特有の臭いもなく、みずみずしい感触が続きます。
  ビオレ UVアクアリッチ ウォータリーエッセンス SPF50+
- 花粉症で肌荒れしやすい方におすすめ。花粉やホコリをブロック。
  dプログラム アレルバリア エッセンス

コントロールカラー

Control color

「コントロールカラー命」と言っても過言ではないほど、アラフォーのくすみ肌に対処できるアイテム。自分の肌に合わせた色・質感を選んで、肌色補整をしましょう。

》》》 **m.m.m**

くすみを消して透明感のある肌に導くラベンダー。石鹸で落とせるから肌への負担も最小限。ほのかな香りでリラックスもできます。カラーチューナー LA 15ml ¥2,900（ムー／コスメキッチン）

《《《 **m.m.m**

イエローは、色ムラを補整し健康的な肌に見せます。SPF22 PA＋＋で紫外線からも肌を守ります。カラーチューナー YE 15ml ¥2,900（ムー／コスメキッチン）

これもおすすめ

👍 自然にトーンアップしてほどよい艶が出ます。伸びもよく、キメ細かに整う。RMK ベーシック コントロールカラー N 02

艶ベース

Glossy base

シワ、影、くすみを目立たなくするには、透明度の高い艶肌を演出するベースが活躍します。「素肌がきれいな人」を連想させる艶やかでヘルシーな光沢肌を目指して。

》》》 **ETVOS**

たっぷりと潤った肌に仕上げるから、光を集めてツヤツヤと健康的に見えます。SPF37 PA+++なので日常生活に十分な紫外線ケアもでき、石鹸でオフできる手軽さもうれしい。ミネラルUVグロウベース 30g ¥4,300（エトヴォス）

コンシーラー
Concealer

シミ、クマ、ニキビ跡、色素沈着などをカバーするコンシーラーですが、お疲れ顔のお悩みNo.1の茶グマにはオレンジが有効。そんなオレンジの入ったコンシーラーをご紹介!

MiMC
色素沈着やクマに万能なオレンジのほか、くすみをカバーするピンク、艶感アップのベージュをイン。美白成分配合でメイクするたびにトラブル箇所をホワイトニング。ナチュラルホワイトニングコンシーラー ¥5,500(MiMC)

ETVOS
オレンジを含む使いやすい3色入りで、隠したいパーツに合わせて自由にカスタマイズできます。ミネラルコンシーラーパレット ¥4,500(エトヴォス)

スムーザー
Smoother

意外と多い毛穴のお悩み。加齢とともに肌にハリがなくなってくると毛穴も縦に広がり影やくすみの原因になります。スムーザーで毛穴を消し去りつるんとした陶器肌に!

WHOMEE
少量でよく伸びて毛穴をフラットに見せます。乾燥しないのにさらさらとした質感。スムーススキンベース 11g ¥1,800(フーミー/Clue)

THREE
気になる箇所に直接塗れるスティックタイプ。ひと塗りで凹凸をフラットに整え、余分な皮脂を吸着しテカリを防ぎます。植物オイル配合でスキンケア効果も。エアリフトスムージングワンド ¥3,800(THREE)

m.m.m
自然由来の成分でできたメイクベース。オーガニックのカカオバターが潤いを守り、肌を乾燥させることなく毛穴や凹凸、小ジワを目立たなくします。スキンスムーザー ¥3,200(ムー/コスメキッチン)

ファンデーション

Foundation

私のメイクでは、必要最低限の場所にしかつけないファンデーション。しかも夕方に崩れた時を想定して"崩れてもきれい"を叶える、敏腕アイテムを厳選しています。

FEMMUE

天然成分100%の軽いつけ心地で、まさに深呼吸できるクッションファンデ。透明感と艶をもたらし、くすみ肌にサヨナラ。潤いも持続します。エバーグロウクッション ライブベージュ 15g ￥4,600（ファミュ／アリエルトレーディング）

rms beauty

天然成分を配合し、軽いつけ心地なのに毛穴や赤みを自然にカバー。健康的なツヤ肌に仕上がります。アンカバーアップ22 5ml ￥4,800（rms beauty／アルファネット）

ESTĒE LAUDER

絶対に崩したくない時に頼れる、カバー力と崩れにくさで群を抜いた逸品。薄く伸びてピタッと肌に密着するから、素肌っぽいのにくすみ知らず。ダブル ウェア ステイ イン プレイス メークアップ SPF10/PA＋＋ 36サンド 30ml ￥6,000（エスティ ローダー）

これもおすすめ

- ほどよい艶感と潤い肌になる美容液ファンデ。乾燥しやすい秋冬におすすめ。ボビイ ブラウン インテンシブ スキン セラム ファンデーション SPF 40 (PA＋＋＋) 2.5
- 軽いつけ心地で肌ムラを自然にカバー。日焼け止め効果もあるのでちょっとした外出にも。ムー スキンエクスパートBE

フェイスパウダー

Face powder

ベースメイクの仕上げに使うフェイスパウダーは、上品な艶感、透明感、フォギー感など、肌の表情を決める重要なアイテムです。ロングセラーブランドが私のお気に入り！

DECORTÉ

全6色のうちで登場頻度が最も高いトランスルーセントは、ノンパールなのに濡れたような艶肌に仕上がる優れもの。キメ細かな粒子のオーガニックシルクパウダーが滑らかになじんで乾燥から肌を守ります。フェイスパウダー 00 20g ￥5,000（コスメデコルテ）

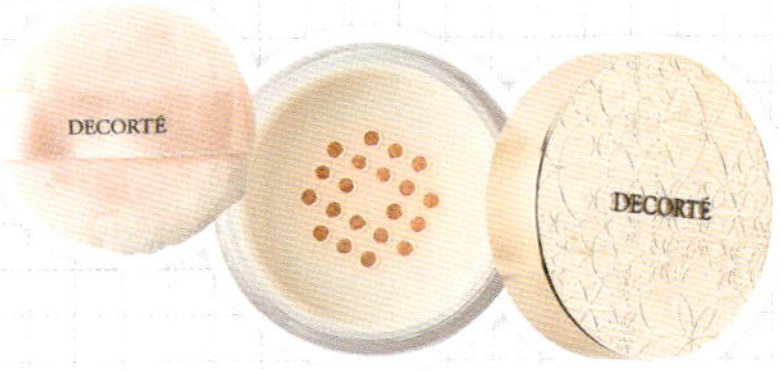

これもおすすめ

- 繊細なパールが輝いて、血色感のある肌に。毛穴や凹凸も目立たない。グロウピンク。コスメデコルテ フェイスパウダー 80

シェーディング

Shading

"整形級メイク"の異名を持つビューティチェンジ。その立役者はなんといってもシェーディングです。影を味方につけて、キュッと引き締まった顔を手に入れましょう。

WHOMEE

フェイスラインや小鼻の横など、影をつけたい部分にどこにでもオン。本当に絶妙な色でなじむから、失敗しにくいです。付属の柔らかいボリュームブラシとコシのある短めブラシは、パーツごとに使い分けられて優秀。ちっちゃ顔シャドウ 10g ￥1,800（フーミー／Clue）

ADDICTION

影に必要なマットな質感のライトキャメル。ザ アイシャドウ 056 ￥2,000（アディクション／アディクション ビューティ）

BASE

ハイライター

Highlighter

シェーディングで影をつけたら、今度はハイライトで光を強調。前に出したい部分、高さを作りたいところにハイライトをスッとなじませると、立体的な顔立ちになります。

THREE

肌の内側から発光するような自然な艶感と血色を演出するクリーミーなテクスチャーの2色セット。ハイライトは鼻筋、目頭、唇の山など光を集めたい箇所に。シマリング グローデュオ 01 ￥4,500（THREE）

ETVOS

絶妙なパール感とオイルによる艶感がみずみずしさを作り出す。どんなベースの上からでも使える万能アイテム。ミネラルハイライトクリーム 4g ￥3,500（エトヴォス）

これもおすすめ

- 陶器肌に仕上げてくれるハイライター。毛穴の深い方、テカリやすい方にもおすすめ。MiMC ミネラルハイライター 02 ピンク
- みずみずしい艶を与えてくれるココナッツオイルベース。乾燥が気になる人にぴったり。rms beauty ルミナイザー

仕込みリップ
Preparation lip

私のメイクでは、唇に赤みを置くまでがベースなんです。そういう意味で、本来あるべき血色をプラスする仕込みリップは、その後のメイクのバランスを左右する重要ポイント！

NARS

淡く色づくローズモーヴの唇で顔全体がパッと明るく見えます。なめらかな塗り心地でスムーズに唇をプロテクト。アフターグロー リップバーム 3424 ¥3,500（NARS／NARS JAPAN）

ETVOS

透明感のあるレッドは、赤リップ初心者にもおすすめ。唇の荒れを防ぎキメを整える処方。ミネラルクリアリップ＆チーク プラムレッド 2.5g ¥3,500（エトヴォス）

ADDICTION

大人の唇を引き立てるバーガンディレッド。SPF20で紫外線もカット。ティント リップ プロテクター＋モア 001 ¥2,500（アディクション／アディクション ビューティ）

仕上げリップ
Finish lip

アラフォーのメイクは、目元よりも口元！ 唇はどうしても手抜きになってしまいがちですが、発色の美しいリップをポンポン塗りでのせれば、垢抜けること必至です。

Celvoke

こっくりとしたレンガ色なら、唇にポイントがあるメリハリのある顔立ちに。ディグニファイド リップス 10 ¥3,200（セルヴォーク）

Celvoke

艶でもマットでもない上品で知的なピンクブラウン。保湿オイル配合で体温に溶けるように伸びてフィット。ディグニファイド リップス 04 ¥3,200（セルヴォーク）

THREE

マルチなペンシルタイプで描きやすい。プラムベージュで血色感が生きた華やかな口元に仕上がります。リファインドコントロールリップペンシル 03 ¥2,500（THREE）

これもおすすめ
黄土色のようなシアーサンドが口元をジューシーに見せるおしゃれ色。セルヴォーク ディグニファイド リップス 23

仕込みチーク
Preparation Cheek

くすんで顔色が悪く見えがちなアラフォー以降の頬を、元からあった血色のように見せるための仕込みチーク。仕込みだけで十分で、仕上げチークいらずの場合もあり！

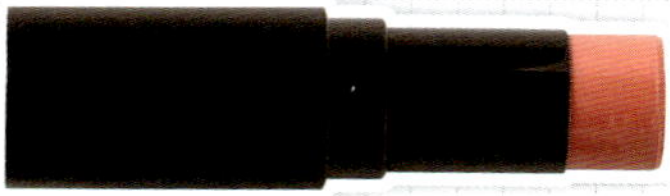

Celvoke
くすんだピンクが大人女性の肌色を若々しく見せる。クリームチークなのにヨレにくい。イエローベースや日焼け肌の人におすすめ。カムフィー スティックブラッシュ 05 ¥3,500（セルヴォーク）

NARS
さらっとしたつけ心地で上気肌に仕上げる。顔色が悪く見えやすいブルーベースにおすすめ。リキッドブラッシュ 5155 15ml ¥3,700（NARS／NARS JAPAN）

rms beauty
ほのかな赤みを帯びたピーチブロンズの輝きが、大人肌に抜け感を加えます。ピーチルミナイザー 5ml ¥4,900（rms beauty／アルファネット）

これもおすすめ
仕込みリップでも登場した万能コスメ。繊細でほのかな血色感。
エトヴォス ミネラルクリアリップ＆チーク プラムレッド

仕上げチーク
Finish Cheek

仕込みチークだけですませる場合もあるくらいなので、仕上げチークに求めるのは上品な血色、大人肌を格上げする高級感あるテクスチャー。絶妙な3品をご紹介！

ADDICTION
暖かみのあるややダークなピーチトーンは、ヘルシーな肌感を作るので、チークが浮く心配いらず。ザ ブラッシュ 018 ¥2,800（アディクション／アディクション ビューティ）

ADDICTION
くすみ感のあるバーントピンクが大人肌に品良くなじむ。モダンで洗練された印象に。ザ ブラッシュ 024 ¥2,800（アディクション／アディクション ビューティ）

DECORTÉ
シルキーで柔らかな輝きを放つセミマット肌に。肌になじむナチュラルなウォームピンク。パウダー ブラッシュ PK802 ¥5,000（コスメデコルテ）

アイライナー

Eye liner

繊細なラインが描けるかどうか、にじみにくさ、発色の良さなど、アイラインに求めるすべてをクリアしたものを集結。なじみ色がいいので、強すぎる黒は使いません。

WHOMEE

目元にキラキラオレンジの艶感と血色感をプラス。水や汗に強いウォータープルーフ。マルチライナー comeon ￥1,500（フーミー／Clue）

UZU

黒よりも柔らかくなじむダスティグレー。コシのある筆で描きやすい。UZU アイオープニングライナー グレー ￥1,500（ウズ／ウズ バイ フローフシ）

MAYBELLINE NEW YORK

絶妙な赤みで瞳きわ立つ高発色のピーチブラウン。にじみにくいのに簡単にオフできるインクフィルムを採用。ハイパーシャープ ライナー R BR-3 ￥1,200（メイベリン ニューヨーク）

dejavu

細さを変えられる楕円芯を採用。クリーミーで滑らかな描き心地なのに密着成分配合で持ちがいい。ラスティンファインE クリームペンシル ダークブラウン ￥1,200（デジャヴュ／イミュ）

これも おすすめ

- スルスルと描けて落ちにくい。コスパも高いのでおすすめ。
  ファシオ パワフルステイ ジェルライナー BR300
- 目元に優しい深みを与えてくれる。指でぼかしてアイシャドウにも。
  ムー スパークルシャドウペンシルDUO 03

涙袋シャドウ

Lower eyelid shadow

ぷっくりとした下まぶたの膨らみを強調する涙袋シャドウは、ウルウルと濡れたような瞳を演出し、清潔感と目元の美しさを引き出します。また透明感アップにも貢献。

BOBBI BROWN

使いやすいスティックタイプ。瞳に透明感と柔らかさをもたらすゴールデンピンク。ロングウェアクリームシャドウ スティック 04 ￥3,700（ボビイ ブラウン）

MiMC

柔らかなトーンが肌になじんでみずみずしい艶感を与えます。美容液のような処方で乾燥しがちな目元に潤いをキープ。ミネラルリキッドリーシャドー 03 ￥3,300（MiMC）

アイシャドウ
Eye shadow

99色のカラー展開で絶妙なニュアンスの色が見つかるアディクションは、アイシャドウを探すのにおすすめのブランド。パール系も品の良い輝きで大人向きです。

ADDICTION
くすみ感がおしゃれなゴールドとレッドが艶めくモーヴ。目元に深みを与えます。ザ アイシャドウ 085 ¥2,000（アディクション／アディクション ビューティ）

ADDICTION
滑らかな光沢のゴールドベージュ。目元を軽くして華やかな印象に。ザ アイシャドウ 030 ¥2,000（アディクション／アディクション ビューティ）

ADDICTION
微細なパール感のあるコーラルベージュ。充血しやすい人は目元の赤みを緩和して見せるのでおすすめ。ザ アイシャドウ 031 ¥2,000（アディクション／アディクション ビューティ）

これもおすすめ
プチプラなのにキメの細かい上品なパール感と発色の良さがある。
ホリカホリカ ピース マッチング シャドウ（シマー） SPK04

マスカラ
Mascara

ブラウンやバーガンディなどのニュアンスカラーのマスカラで、目元を柔らかい印象に。黒を選ぶ場合でも、不自然さのない艶やかなテクスチャーを選択したい。

RMK
マットな質感のバーガンディが眼差しに女性らしさを演出します。汗や水に滲みにくい処方。マットマスカラ N 04 ¥3,500（RMK／RMK Division）

to/one
お湯で落ちるフィルムタイプ。まつ毛1本1本を長く見せる。赤みを感じるおしゃれなバーガンディ。ロング ラッシュ マスカラ 03 ¥2,800（トーン）

MAYBELLINE NEW YORK
塗りやすい絶妙なカーブのブラシ、軽いファイバーを採用し、上向きロングが長時間持続。オイルによる艶やかさでブラックでも軽妙な仕上がりに。ラッシュニスタ オイリシャス 01 ¥1,800（メイベリン ニューヨーク）

アイブロウ

Eyebrow

アイブロウメイクが苦手な人はコスメを変えてみるのも一つの手。眉毛をナチュラルに描くパウダー、ペンシルのほか、あると便利な眉マスカラ、眉ティントまでご紹介。

EYEBROW

ペンシル

❷ ***CEZANNE***

❶ ***ettusais***

1.芯の硬さがほどよく、毛流れに沿って1本1本きっちり描ける。なじみのいいライトブラウン。ペンシルブローライナー LBR 1.4g ￥1,000（エテュセ） 2.柔らかな芯で描きやすいのにウォータープルーフでキープ力あり。ぼかし用のスクリューブラシも◎。ブラシ付 アイブロウ オリーブブラウン ￥450（セザンヌ／セザンヌ化粧品）

パウダー

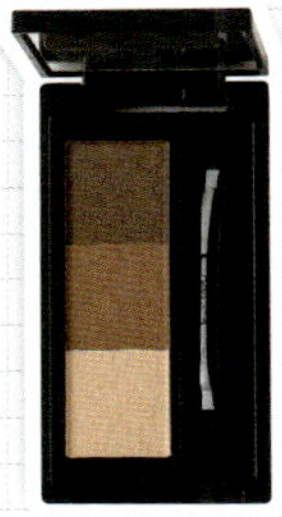

❶ ***Celvoke***

❷ ***WHOMEE***

1.ふんわりと仕上がる独自の粉体で、柔らかな眉を描ける。付属のブラシも絶妙な角度で使いやすい。インディケイト アイブロウパウダー 01 ￥3,500（セルヴォーク） 2.フェミニンな表情に導く赤みブラウン系の眉が簡単にでき上がる3色パレット。色同士を混ぜてもOK。アイブロウパウダー レッドブラウン ￥1,800（フーミー／Clue）

ティント

Fujiko

時短派にうれしいティント。するする描けるジェルが乾くとはがしやすいフィルムに変わり、最短2分で眉部分の肌が染まります。きれいな眉が約3日間持続。これをガイドとして描くと毎朝の眉メイクが時短に。眉ティントSV 01 5g ￥1,280（フジコ／かならぼ）

マスカラ

Heavy Rotation

発色がいいフィルムタイプの眉マスカラ。地肌につきにくいコンパクトなブラシだから、初心者でも使いやすい。ヘビーローテーション カラーリングアイブロウ 04 8g ￥800（キスミー／伊勢半）

ブラシ

Brush

「メイクを上手くなりたい」という人に、私は「ツールを良いものに変えてみたら？」と答えます。コスメは同じでもブラシを変えると一気にレベルアップしますよ。

RMK

まぶたにのせやすい形、ほどよいコシで細かい部分も自由自在。テーパーポリエステル毛で、パウダーはもちろんクリームタイプにも使える。アイシャドウブラシ F ￥2,600（RMK／RMK Division）

ADDICTION

先端が斜めにカットされた幅広の平型ブラシは、眉頭、眉尻など角度を変えて描きやすい。弾力とコシのあるブラシは、眉をふんわりぼかすのにも使えます。アイブロウ ブラシ ￥3,500（アディクション／アディクション ビューティ）

TOOL

アイラッシュカーラー

Eyelash curler

やりすぎ感を回避するためには、ナチュラルなカール感のまつ毛が理想的。ただし、カール自体はしっかりできるカーラーを使って、メイクの順番で工夫をするのが◎。

Panasonic

ダブルヒーターでしっかりとまつ毛をカールアップし、長時間ナチュラルなカールをキープします。マークの色が変わって適温を教えてくれるので使いやすい。まつげくるん EH-SE10P オープン価格（パナソニック）

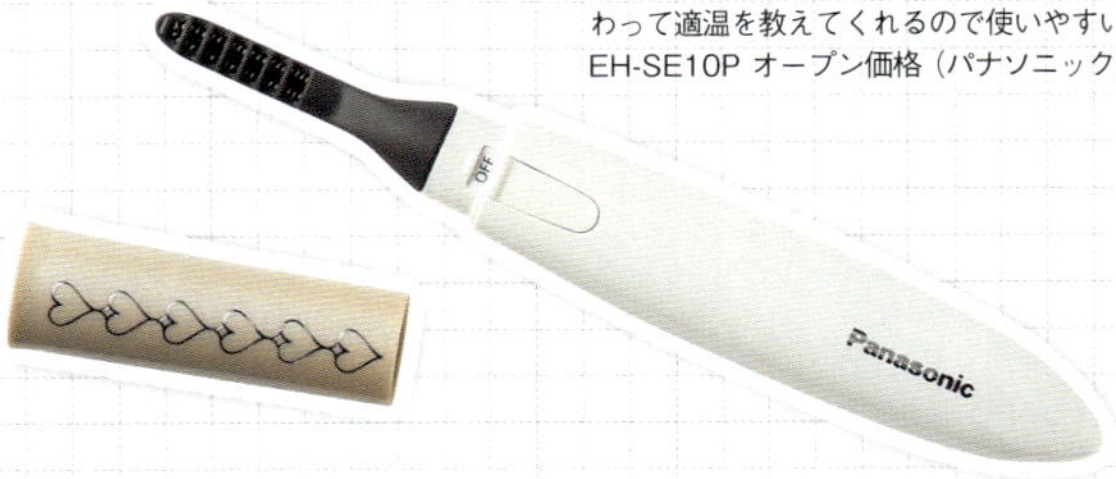

これも
おすすめ

日本人の目の形に合う絶妙なカーブ。中のゴムを変えて長く使えるのも経済的。資生堂 アイラッシュカーラー

ヘアケア/スタイリング

Hair care / styling

地髪をケアする、スタイリングが上手くなるなど、ツールを使うことで髪をきれいに見せることができる敏腕アイテムをセレクト。私自身、もう手放せないお気に入り揃いです。

CREATE ION

脱落しやすい毛束もしっかりキャッチし、適度なテンションを与えながらスタイリングできるので、艶髪もスピーディに作れるヘアアイロン。発熱する部分が覆われているので、初心者でも扱いやすい。5段階の温度調節も可能。ロールブラシアイロン ディオーラ 26mm オープン価格(クレイツ)

Bioprogramming

独自技術により電源のオン・オフにかかわらず美髪効果が得られ、高温になるまでの時間も髪にじっくり当てて美しさを高めながらカールメイク。何回でも巻き直せる上、巻くほどに艶と潤いが増し美髪になります。ヘアビューロン 4D Plus [カール] S-type 26.5mm ¥45,000(バイオプログラミング)

S·HEART·S

シャンプー時も滑りにくく、握りやすいショートハンドルがお気に入り。洗いながらブラッシングするマッサージ効果で頭皮の血行を促進。ブローブラシとしても使えて、髪の艶とボリュームがアップします。スカルプブラシ ワールドモデル ショート ¥5,500(エス・ハート・エス)

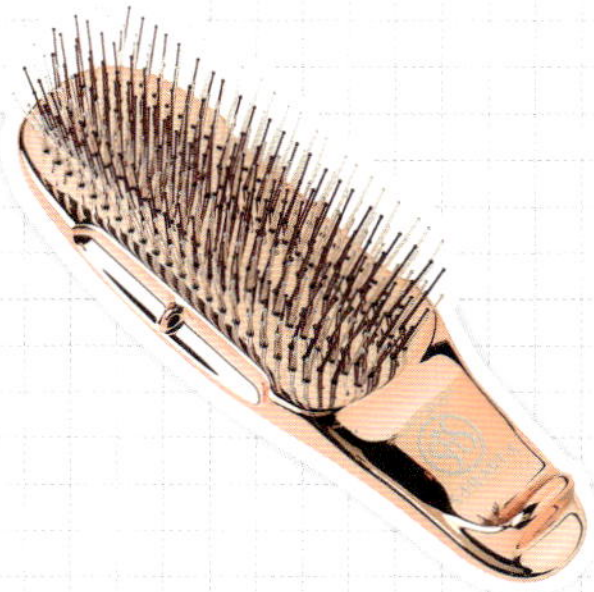

DAFNI go

すくった髪に一定の熱がいきわたり、ブラッシングするだけで美しくしなやかなストレートヘアになるブラシ型ストレートアイロン。髪の水分量もキープしてパサつきを抑えます。スイッチオンの15分後には自動でオフになる安心設計。ダフニ ゴー※サロン専売品 ¥19,000(ヤーマン)

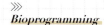

特別付録

激変した10人の
秘密のメイクレシピ
大公開！

CHAPTER１の「実録！ビフォア・アフター」で
激変した10人の、詳細なメイクレシピを特別に大公開します。
右ページが、ビューティチェンジ流のベースメイク、
左ページがメイクアップになっています。
顔のどの部分にシェーディングやハイライトを入れるのか、
また、どんなメイクアイテムを使っているのか、
ご自身の顔タイプに近い人のメイクをじっくり研究し、参考にしてください。

MAKE RECIPE FOR Aさん ≫ P.23

/ BASE /

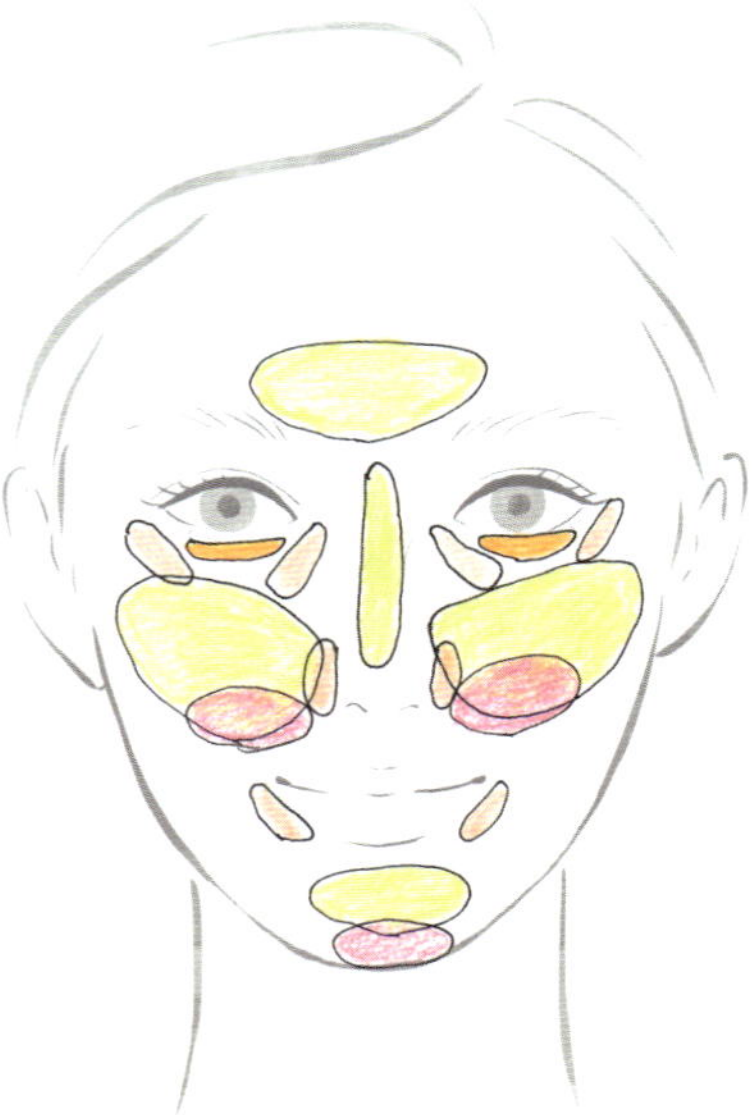

STEP 1 **下地**

UV下地は全顔に、ラベンダーのコントロールカラーは顔の前面（眉尻までの幅）に塗る。

UV下地 ▸ ランコム　UV エクスペール トーン アップ ローズ
コントロールカラー ▸ ムー　カラーチューナー LA

STEP 2 **コンシーラー**

コンシーラーパレットのオレンジを茶グマとシミに、ベージュを影になりがちなところに置く。

MiMC　ナチュラルホワイトニングコンシーラー ---------- ●オレンジ ○ベージュ

STEP 3 **ファンデーション**

広い面にのせてから濡らしたスポンジでパッティングするようになじませる。

エスティ ローダー　ダブル ウェア ステイ イン プレイス メークアップ 36 ---------- ○

STEP 4 **仕込みチーク**

小鼻の横あたりと顎先に入れる。

セルヴォーク　カムフィー スティックブラッシュ 05 ---------- ●

STEP 5 **パウダー**

コンシーラーの上にだけ重ねる。

コスメデコルテ　フェイスパウダー 00

STEP 6 **仕込みリップ**

唇全体に塗る。

NARS　アフターグロー リップバーム 3424

/MAKE/

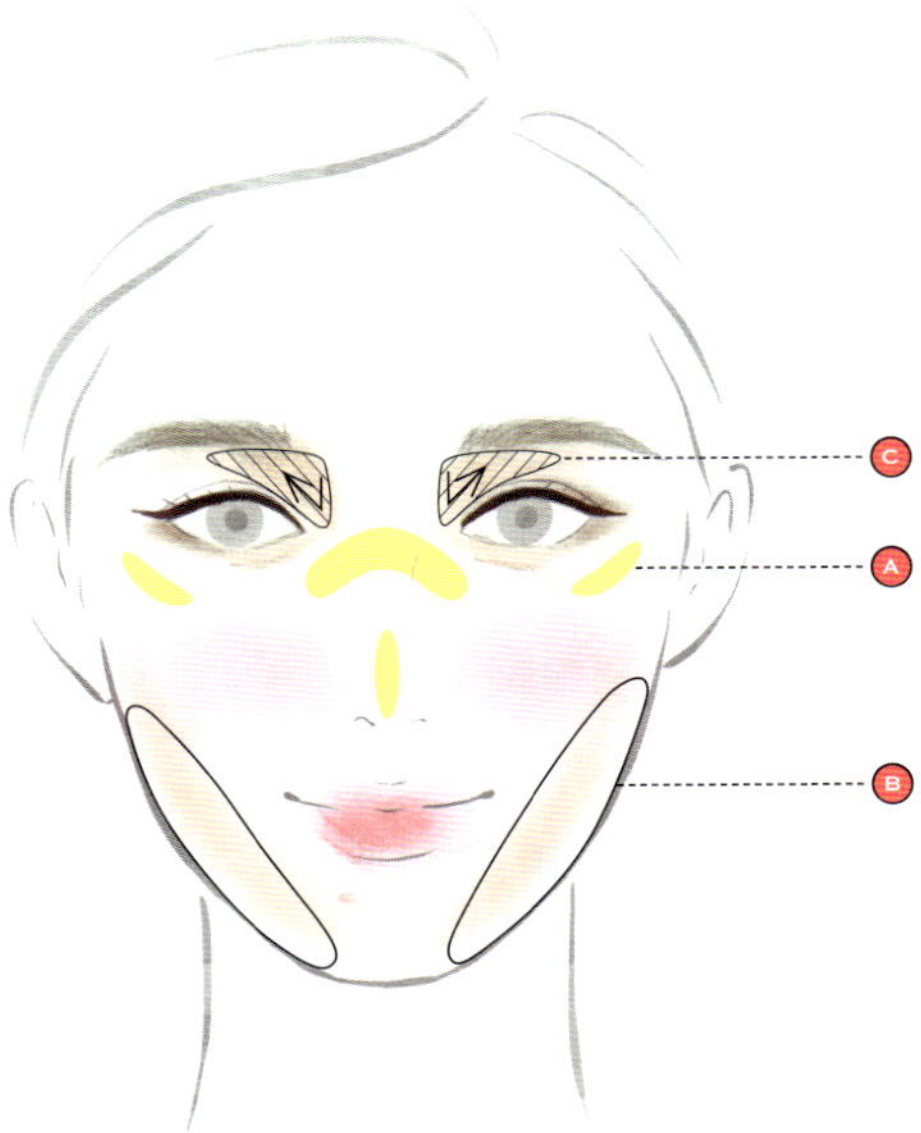

アイシャドウ	・アディクション　ザ アイシャドウ 031　POINT アイホールに ・コスメデコルテ　アイグロウジェム BR380　POINT 二重幅に
アイライン	・ファシオ　パワフルステイ ジェルライナー BR300 ・ウズ　アイオープニングライナー ブラウンブラック POINT ジェルラインで黒目の上を少し太めにしっかりうめた後、リキッドでコーティングし、目尻ラインを描く
下まぶたメイク	・ボビイ ブラウン　ロングウェア クリームシャドウ スティック 04 POINT 涙袋の上に目頭から2/3に
マスカラ	・デジャヴュ　キープスタイルマスカラ ジェットブラック POINT ビューラーで根元をしっかり上げ、根元にしっかりつけてまぶたを支える
アイブロウ	・セルヴォーク　インディケイト アイブロウパウダー 01 ・セザンヌ　ブラシ付 アイブロウ ライトブラウン
チーク	・アディクション　ザ ブラッシュ 033　POINT 大きめブラシで横長に入れる
ハイライター	Ⓐ THREE　シマリング グローデュオ 01の右側
シェーディング	Ⓑ フーミー　ちっちゃ顔シャドウ　POINT 耳から顎先に入れる
目元シェーディング	Ⓒ アディクション　ザ アイシャドウ 056
リップ	・THREE　デアリングリィデミュアリップスティック 06 ・THREE　リファインドコントロールリップペンシル 03 POINT リップペンシルで一回り大きめにリップラインを取り、塗りつぶす。その上からリップスティックをブラシに取り、色を足す

/ BASE /

MAKE RECIPE FOR
Bさん ≫ P.25

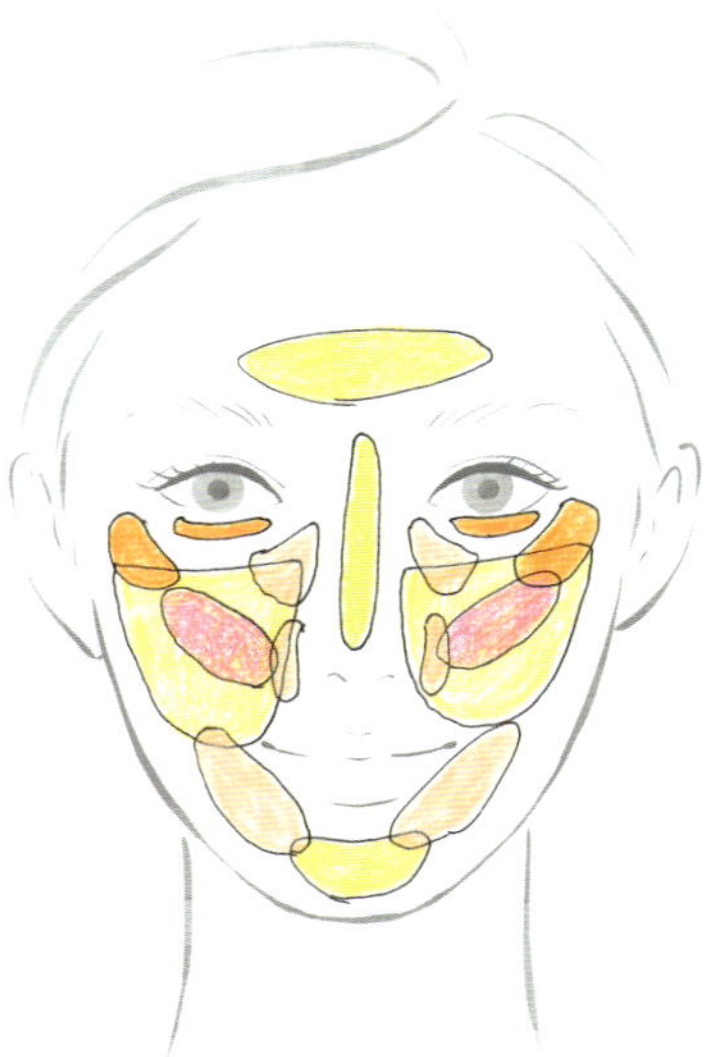

STEP 1
下地
イエローベージュのUV下地兼コントロールカラーを全顔に塗り、色ムラや細かいシミを目立たなくする。
ヴェレダ　エーデルワイス UVプロテクト

STEP 2
コンシーラー
コンシーラーパレットのオレンジを茶グマとシミに、ベージュを影になりがちなところに置く。
MiMC　ナチュラルホワイトニングコンシーラー ---------- ●オレンジ ●ベージュ

STEP 3
ファンデーション
広い面にのせてから濡らしたスポンジでパッティングするようになじませる。
エスティ ローダー　ダブル ウェア ステイ イン プレイス メークアップ 36 ---------- ●

STEP 4
仕込みチーク
縦ラインを出すため、小鼻から斜め上にむけてぼかす。
セルヴォーク　カムフィー スティックブラッシュ 05 ---------- ●

STEP 5
パウダー
コンシーラーの上にだけ重ねる。
コスメデコルテ　フェイスパウダー 00

STEP 6
仕込みリップ
唇全体に塗る。
アディクション　ティント リッププロテクター＋モア 001

/MAKE/

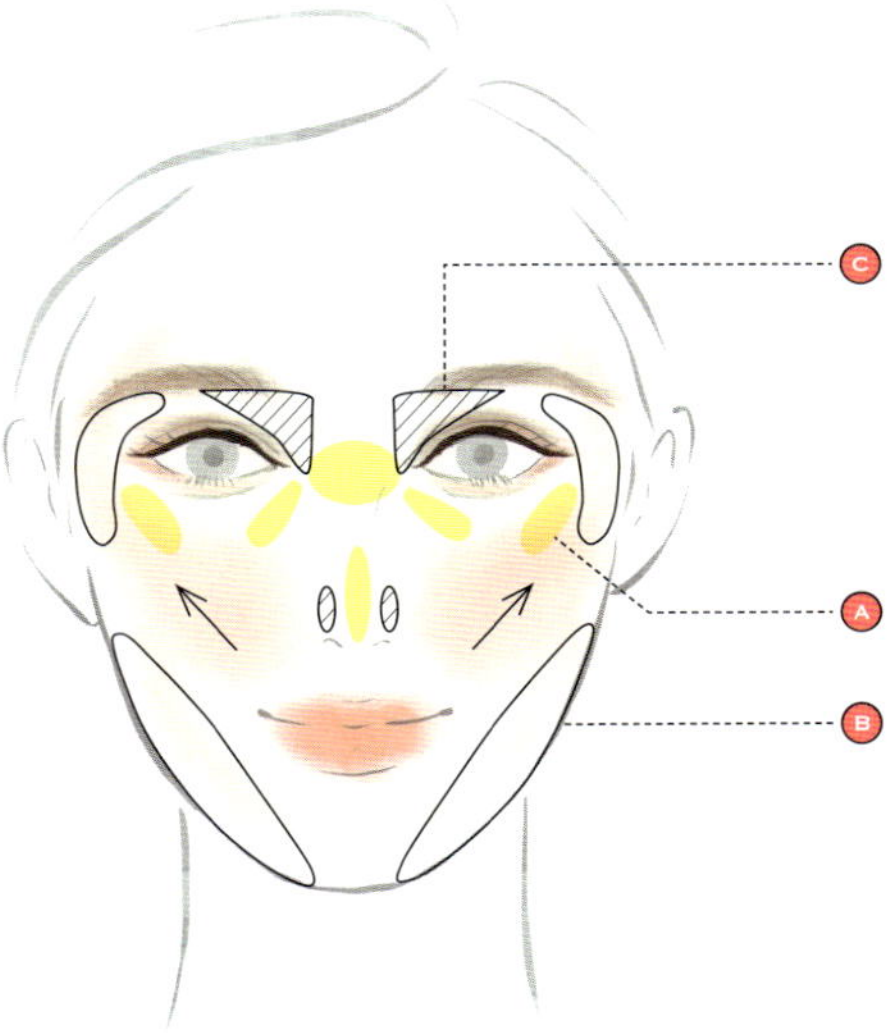

アイシャドウ	・コスメデコルテ　アイグロウジェム BR380 POINT 黒目の上が濃くなるように ・アディクション　ザ アイシャドウ 085 POINT 目尻にくの字に入れ赤みのある影を
アイライン	・ファシオ　パワフルステイ ジェルライナー BR300 POINT まつ毛の間をうめる。黒目の上を少し太く ・ラブ・ライナー　リキッド ダークブラウン POINT 目頭は少しはみ出すように。黒目の上を少し太く
下まぶたメイク	・ボビイ ブラウン　ロングウェア クリームシャドウ スティック 04 POINT 涙袋の上に、中央から左右に、真ん中が高く見えるように
マスカラ	・デジャヴュ　キープスタイルマスカラ ジェットブラック POINT まつ毛の中央をビューラーでしっかり上げ、根元にしっかりつけてまぶたを支える
アイブロウ	・セルヴォーク　インディケイト アイブロウパウダー 01 ・エテュセ　ペンシルブローライナー ライトブラウン POINT 全体に色をのせた後に、ペンシルで眉頭部分を描き足して求心的に
チーク	・アディクション　ザ ブラッシュ 018 POINT 斜め上を意識して入れる
ハイライター	Ⓐ THREE　シマリング グローデュオ 01の右側
シェーディング	Ⓑ フーミー　ちっちゃ顔シャドウ POINT こめかみにくの字、耳から顎先に入れる
目元シェーディング	Ⓒ アディクション　ザ アイシャドウ 056
リップ	・THREE　デアリングリィデミュアリップスティック 06 ・ムー　リップ＋チーク クリームティント 02 POINT リップペンシルで一回り大きめにリップラインを取り、塗りつぶす。その上から手の甲に取ったリップを指で唇中央にのせて立体感を出す

MAKE RECIPE FOR
Cさん》P.27

/ BASE /

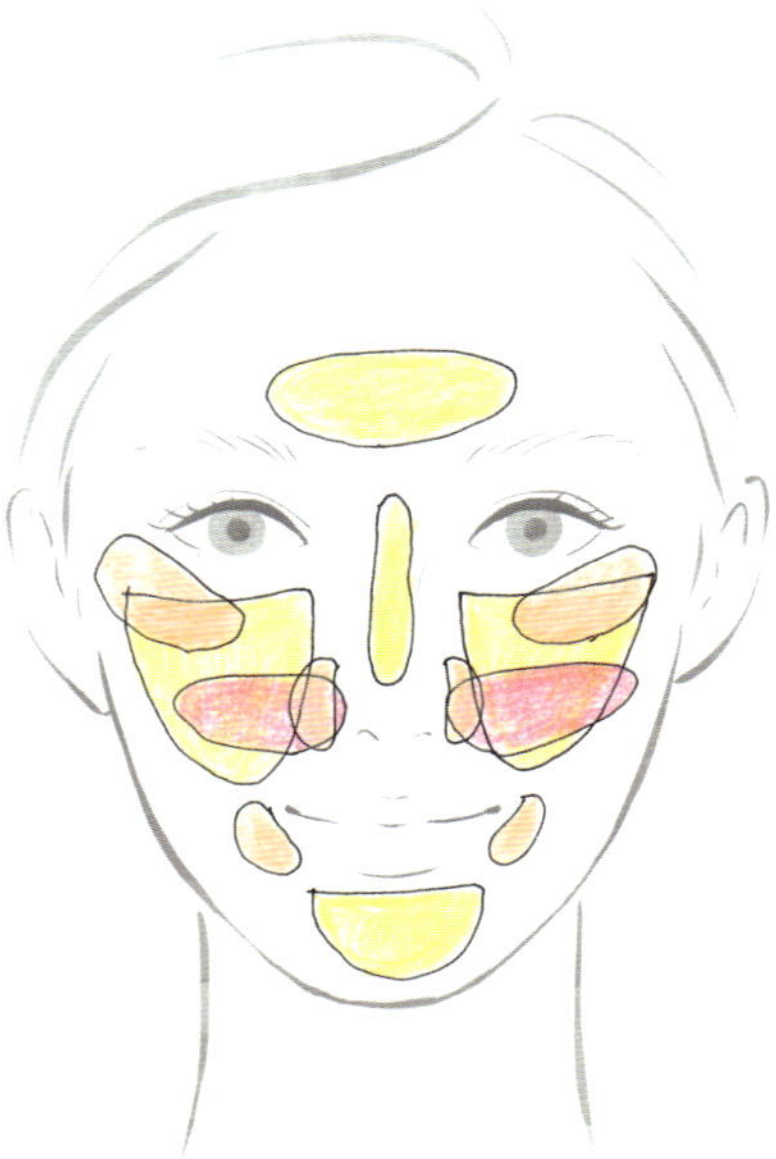

STEP 1
下地

イエローベージュ系のUV下地兼コントロールカラーを全顔に塗って、顔色の悪さを補整、ヘルシーに。
コントロールカラー▶ムー　カラーチューナー YE

STEP 2
コンシーラー

コンシーラー代わりとなる硬めのファンデを、濡らしたスポンジで密着させ目の下の大きめのシミをカバー。
rms beauty　アンカバーアップ 22

STEP 3
ファンデーション

クッションファンデをパッティングするように、大きめのシミには他よりも多めに叩き込む。
ファミュ　エバーグロウクッション ライブベージュ

STEP 4
仕込みチーク

小鼻の横あたりから横に。シミの上にはのせない。
NARS　リキッドブラッシュ 5155

STEP 5
パウダー

コンシーラーの上にだけ重ねる。
コスメデコルテ　フェイスパウダー 00

STEP 6
仕込みリップ

唇全体に塗る。
NARS　アフターグロー リップバーム 3426

/MAKE/

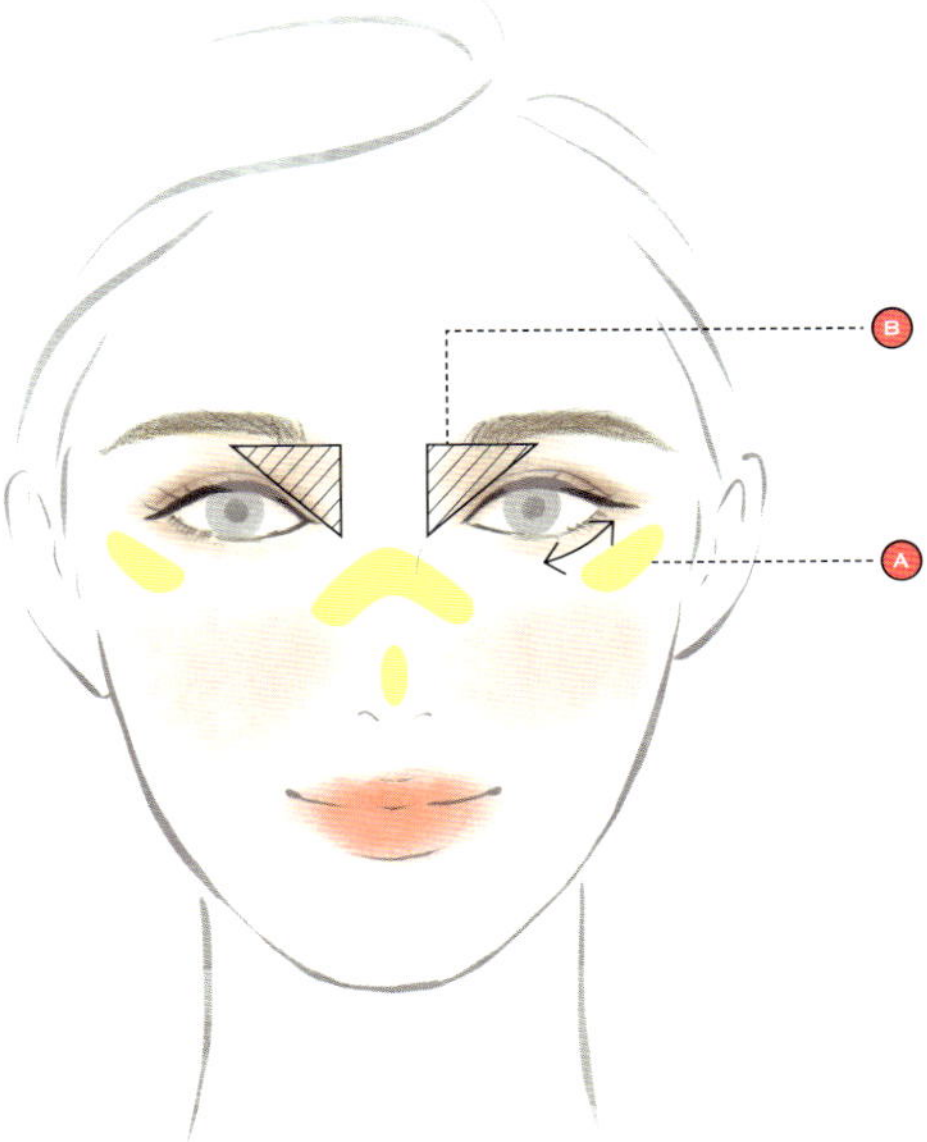

アイシャドウ	・アディクション　ザ アイシャドウ 068　POINT アイホールに
アイライン	・ウズ　アイオープニングライナー グレー POINT 目頭ラインと目尻ラインを入れ、目尻下にも細かく点を打つように入れ、綿棒でぼかす
下まぶたメイク	なし
マスカラ	・メイベリン ニューヨーク　ラッシュニスタ オイリシャス 01 POINT 上下のまつ毛にさらっとつける
アイブロウ	・セルヴォーク　インディケイト アイブロウパウダー 01 ・エテュセ　ペンシルブローライナー ライトブラウン POINT 全体に色をのせた後に、ペンシルで毛のない部分を描き足す
チーク	・アディクション　ザ アイシャドウ 031 POINT アイシャドウだが、チークがわりにブラシで入れる
ハイライター	Ⓐエトヴォス　ミネラルハイライトクリーム　POINT 指でトントンなじませる
シェーディング	なし
目元シェーディング	Ⓑアディクション　ザ アイシャドウ 056
リップ	・ムー　リップ+チーク クリームティント 01 POINT 手の甲に取ったリップを指でポンポンとのせていく

/ BASE /

MAKE RECIPE FOR
Dさん ≫ P.29

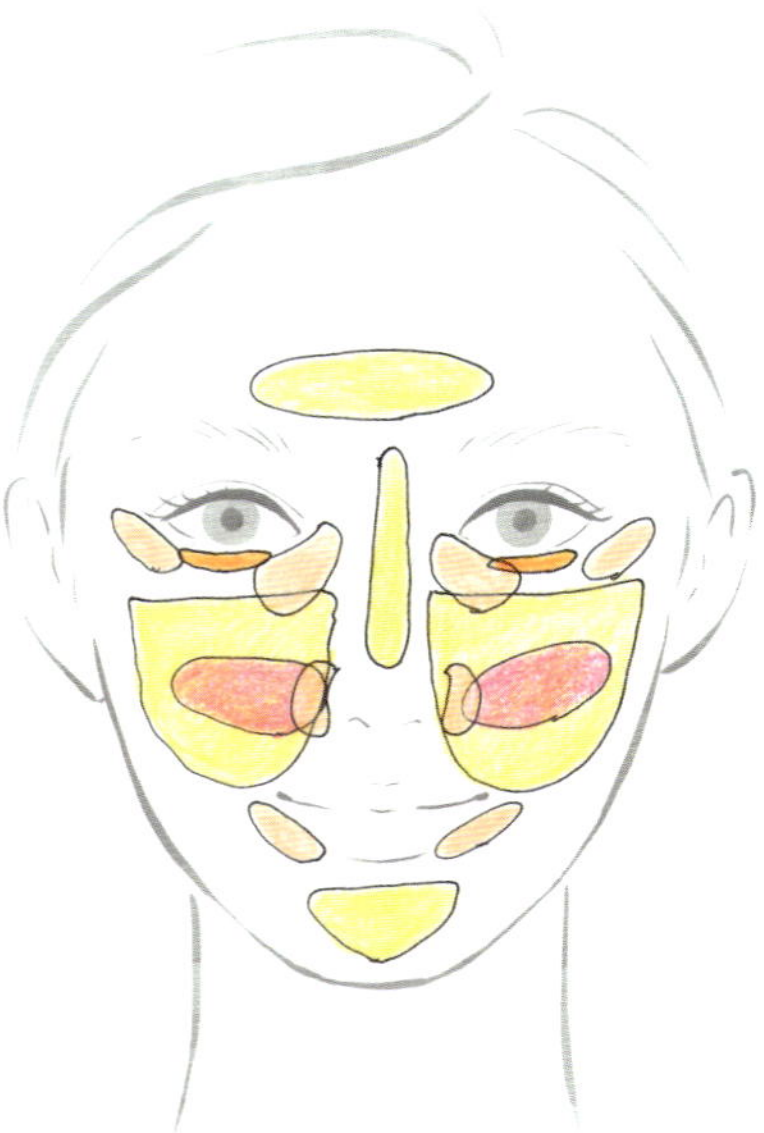

STEP 1
下地

イエローベージュ系のUV下地兼コントロールカラーを全顔に塗って、色ムラや細かいシミを目立たなくする。

UV下地&コントロールカラー▶ ヴェレダ　エーデルワイス UVプロテクト

STEP 2
コンシーラー

コンシーラーパレットのオレンジを茶グマとシミに、ベージュを影になりがちなところに置く。
MiMC　ナチュラルホワイトニングコンシーラー ---------- ●オレンジ ●ベージュ

STEP 3
ファンデーション

クッションファンデをパッティングするように、大きめのシミには他よりも多めに叩き込む。
ファミュ　エバーグロウクッション ナチュラルベージュ ----------●

STEP 4
仕込みチーク

小鼻の横あたりにのせる。
NARS　リキッドブラッシュ 5155 ----------●

STEP 5
パウダー

コンシーラーの上にだけ重ねる。
コスメデコルテ　フェイスパウダー 00

STEP 6
仕込みリップ

唇全体に塗る。
エトヴォス　ミネラルクリアリップ&チーク プラムレッド

/MAKE/

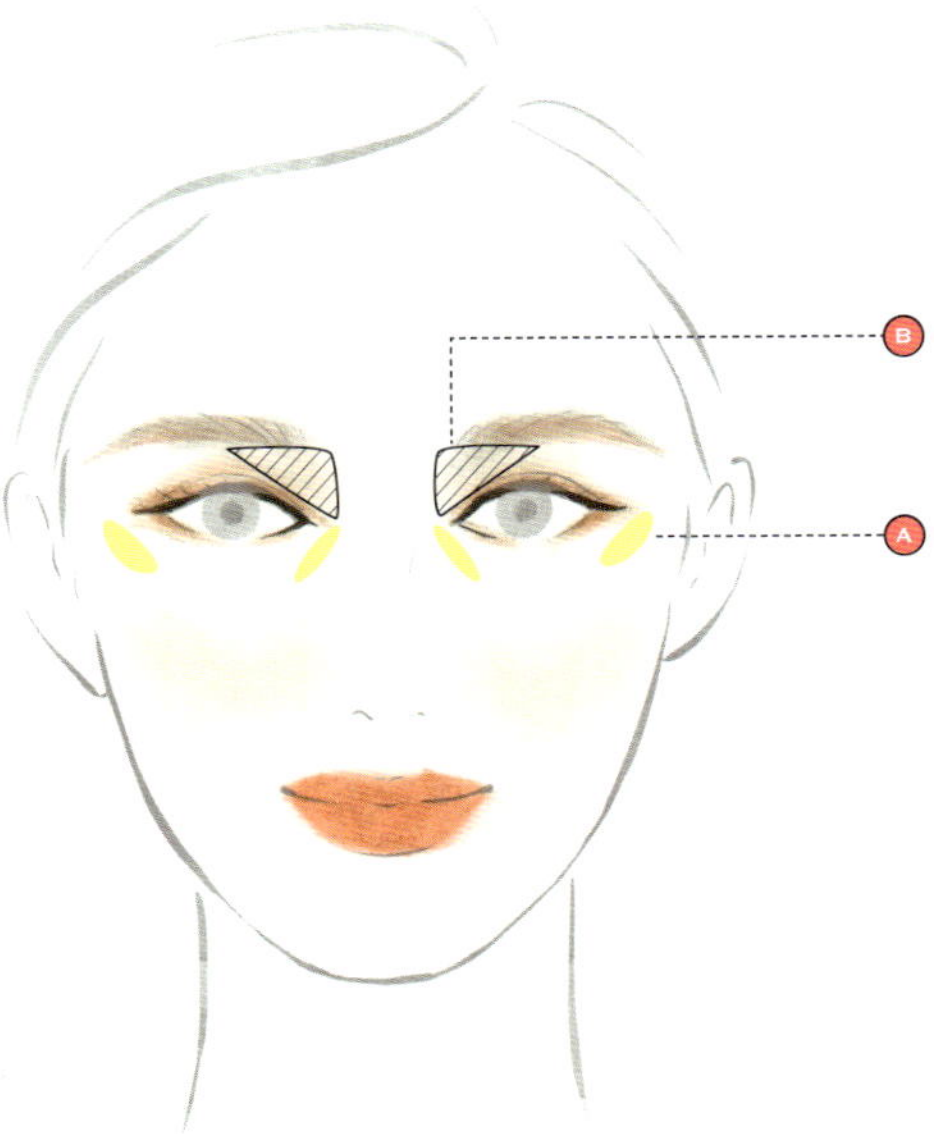

アイシャドウ	・アディクション　ザ アイシャドウ 030　POINT アイホールに
アイライン	・フーミー　マルチライナー comeon POINT 上まぶたのまつ毛のきわと、下まぶた目尻３分の１に入れて指でぼかす ・ラブ・ライナー　リキッド ダークブラウン POINT 目頭ラインと、目尻の影を足す
下まぶたメイク	・ボビイ ブラウン　ロングウェア クリームシャドウ スティック 04 POINT 涙袋上の黒目の下から左右に塗り広げる
マスカラ	・トーン　ロング ラッシュ マスカラ 03
アイブロウ	・セルヴォーク　インディケイト アイブロウパウダー 01 ・セザンヌ　ブラシ付 アイブロウ ライトブラウン POINT ペンシルで眉の下部分を描き足して、全体をパウダーでなじませる
チーク	なし
ハイライター	A THREE　シマリング グローデュオ 01の右側
シェーディング	なし
目元シェーディング	B アディクション　ザ アイシャドウ 056
リップ	・THREE　リファインドコントロールリップペンシル 03 ・セルヴォーク　ディグニファイド リップス 09 POINT 唇の厚さが左右で違うので足りない部分をリップペンシルで描き足してからリップを筆で塗る

/ BASE /

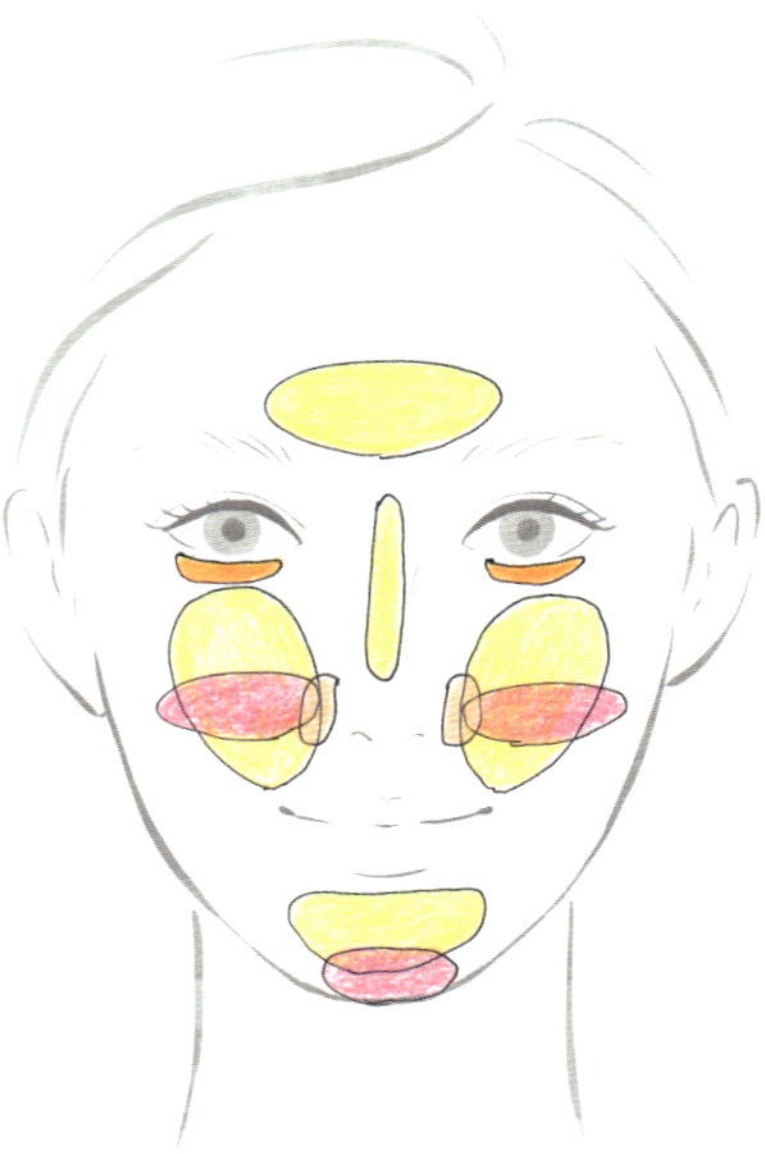

STEP 1 **下地**

ピンク系のUV下地とイエロー系のコントロールカラーを混ぜて顔の前面(眉尻までの幅)に塗る。
UV下地 ▶ ランコム　UVエクスペール トーン アップ ローズ
コントロールカラー ▶ ムー　カラーチューナー YE

STEP 2 **コンシーラー**

コンシーラーパレットのオレンジを茶グマとシミに、ベージュを影になりがちなところに置く。
MiMC　ナチュラルホワイトニングコンシーラー ---------- オレンジ　ベージュ

STEP 3 **ファンデーション**

縦を意識しながら、濡らしたスポンジでパッティングするように。
エスティ ローダー　ダブル ウェア ステイ イン プレイス メークアップ 36 ----------

STEP 4 **仕込みチーク**

小鼻の横あたりと顎先に入れる。
rms beauty　ピーチルミナイザー ----------

STEP 5 **パウダー**

コンシーラーの上にだけ重ねる。
コスメデコルテ　フェイスパウダー 00

STEP 6 **仕込みリップ**

唇全体に塗る。
NARS　アフターグロー リップバーム 3426

/MAKE/

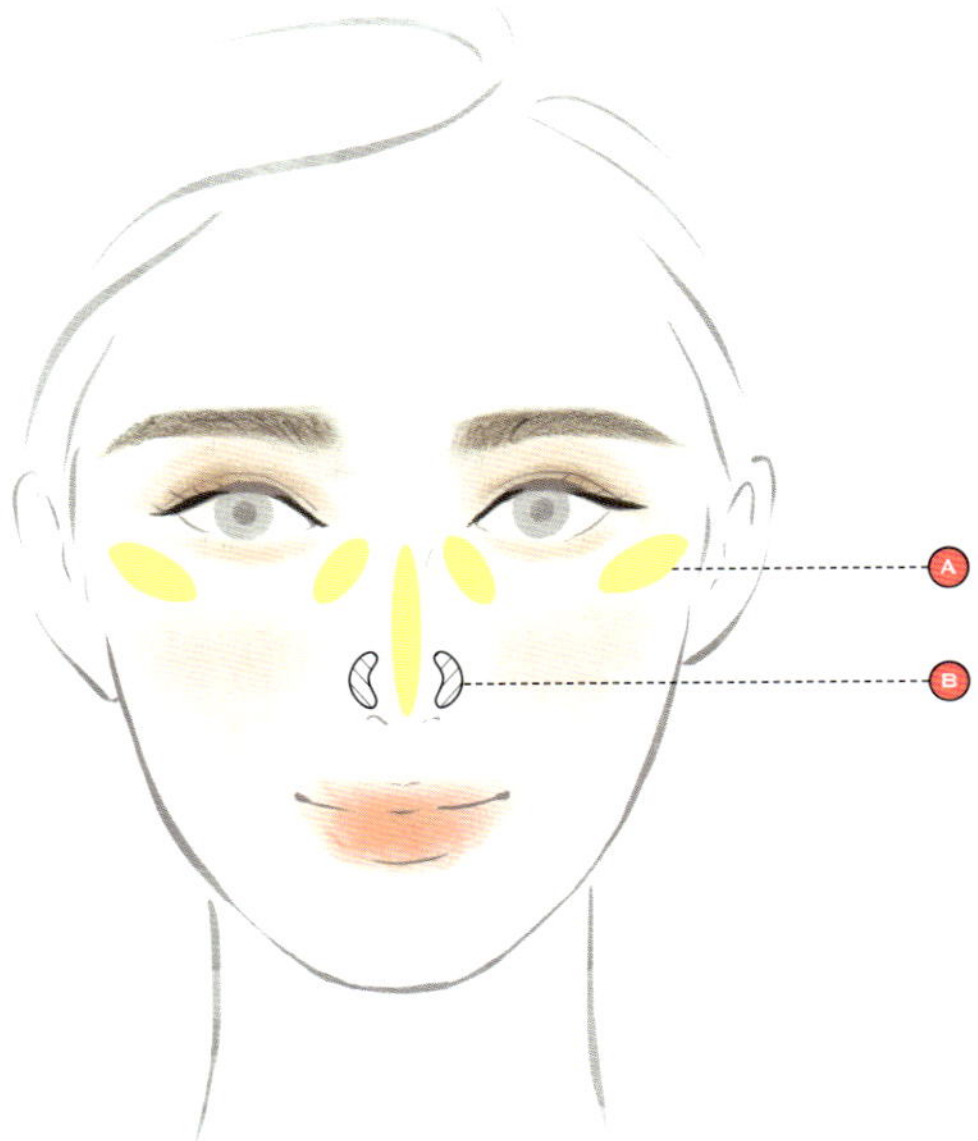

アイシャドウ	・アディクション　ザ アイシャドウ 030　POINT アイホールに ・アディクション　ザ アイシャドウ 056　POINT 二重幅に
アイライン	・ラブ・ライナー　リキッド ダークブラウン　POINT 目頭ラインと目尻ラインを入れる
下まぶたメイク	・ボビイ ブラウン　ロングウェア クリームシャドウ スティック 04 POINT 涙袋上の黒目の下の一番高いところに
マスカラ	・メイベリン ニューヨーク　ラッシュニスタ オイリシャス 01 POINT まつ毛の中央をビューラーでしっかり上げ、 根元にしっかりつけてまぶたを支える
アイブロウ	・セルヴォーク　インディケイト アイブロウパウダー 01 ・セザンヌ　ブラシ付 アイブロウ オリーブブラウン POINT 全体に色をのせた後に、ペンシルで眉頭部分を描き足して求心的に
チーク	なし
ハイライター	A THREE　シマリング グローデュオ 01の右側
シェーディング	B アディクション　ザ アイシャドウ 056　POINT 小鼻の側面に
目元シェーディング	なし
リップ	・ムー　リップ+チーク クリームティント 01 POINT 手の甲に取ったリップを指で下唇中央にポンポンとのせていく

/ BASE /

MAKE RECIPE FOR
Fさん ≫ P.33

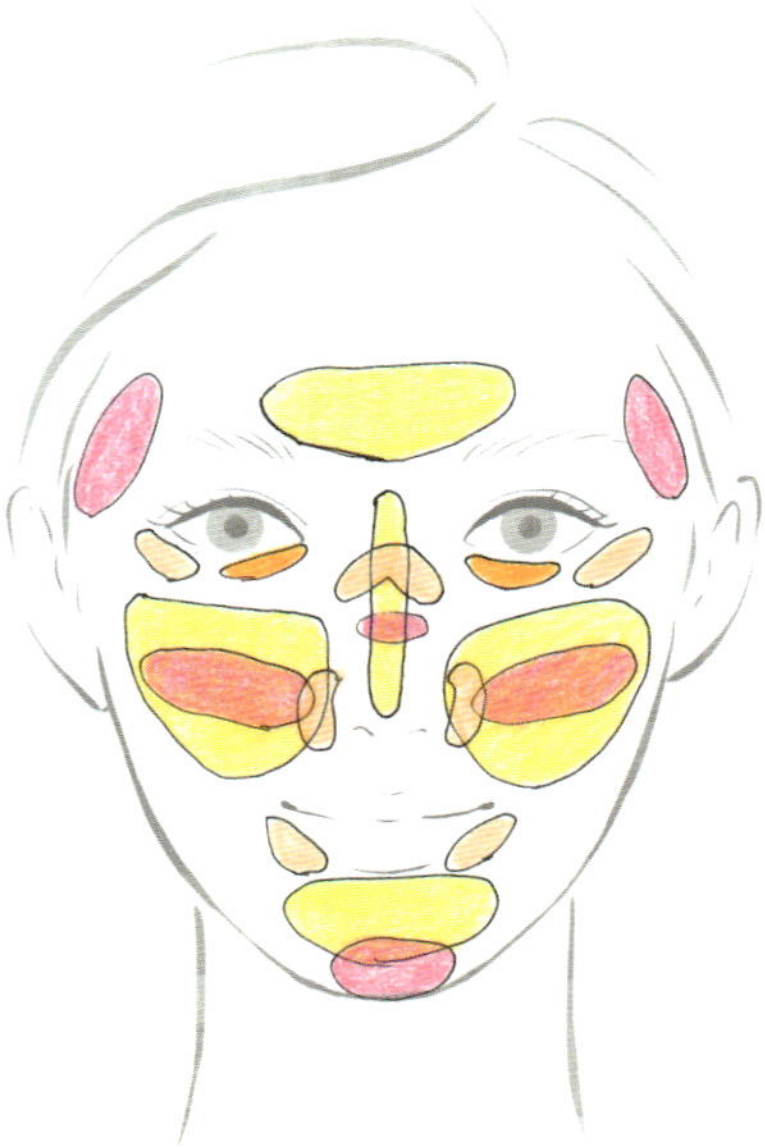

STEP 1
下地

UV下地にラベンダー系のコントロールカラーを混ぜて全顔に塗り、透明感をアップ。
コントロールカラー▶ムー　カラーチューナー LA
エトヴォス　ミネラルUVグロウベース

STEP 2
コンシーラー

コンシーラーパレットのオレンジを茶グマとシミに、ベージュを目尻、鼻根、影になりがちなところに置く。
MiMC　ナチュラルホワイトニングコンシーラー ---------- オレンジ　ベージュ

STEP 3
ファンデーション

クッションファンデをパッティングするように、顔の広い面に置く。
ファミュ　エバーグロウクッション ライブベージュ ----------

STEP 4
仕込みチーク

小鼻の横、こめかみ、顎先、鼻の中央にのせる。
NARS　リキッドブラッシュ 5155 ----------

STEP 5
パウダー

コンシーラーの上にだけ重ねる。
コスメデコルテ　フェイスパウダー 00

STEP 6
仕込みリップ

唇全体に塗る。
NARS　アフターグロー リップバーム 3424

/MAKE/

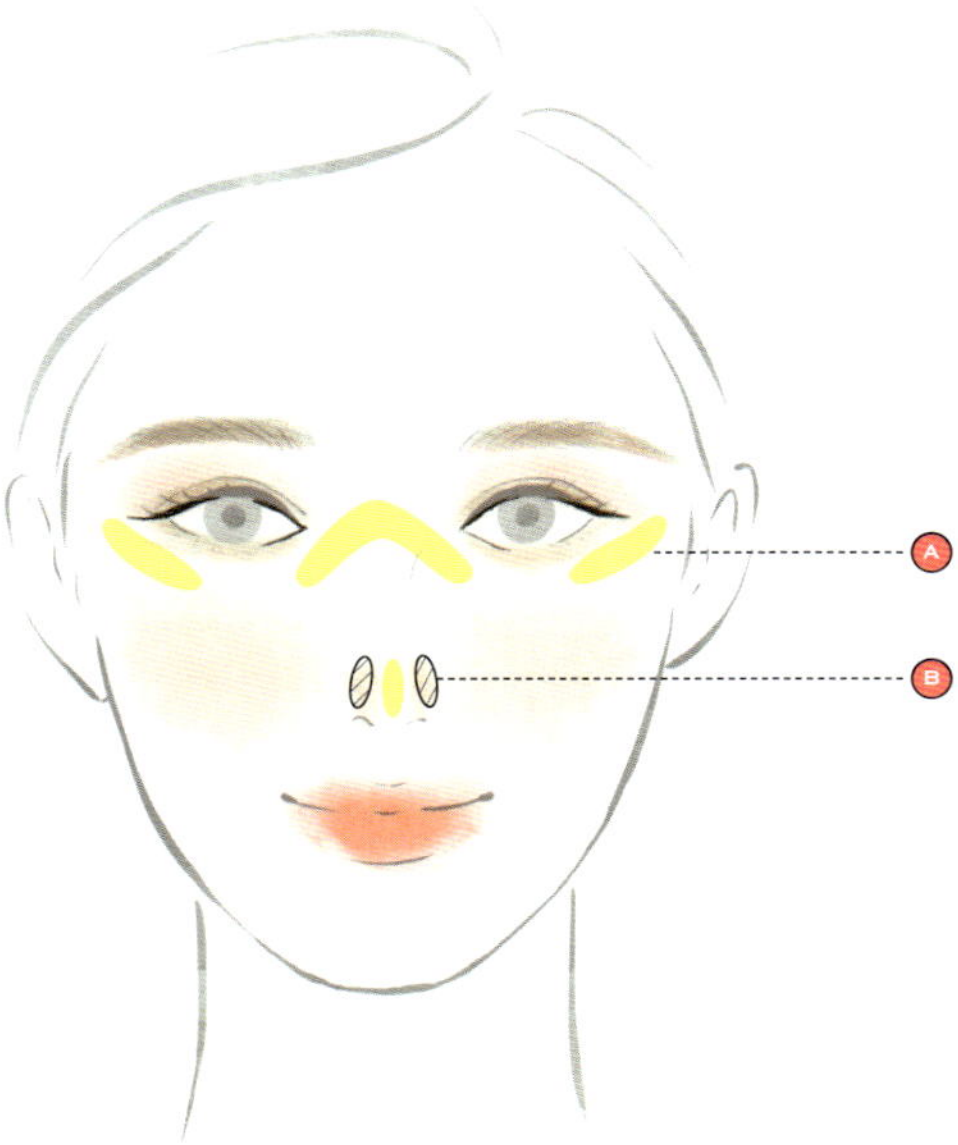

アイシャドウ	・ホリカホリカ　ピース マッチング シャドウ SPK04 POINT アイホールと目尻3分の1に ・アディクション　ザ アイシャドウ 056　POINT 二重幅に
アイライン	・ラブ・ライナー　リキッド ダークブラウン POINT 目頭ラインと目尻ラインを入れる
下まぶたメイク	・MiMC　ミネラルリキッドリーシャドー 03　POINT 涙袋に
マスカラ	・トーン　ロング ラッシュ マスカラ 03
アイブロウ	・フーミー　アイブロウパウダー レッドブラウン ・エテュセ　ペンシルブローライナー ライトブラウン POINT 眉頭を少しカットし、眉山を外にずらして遠心に近づける。 目のカーブに合わせてペンシルで眉を平行に描き、パウダーでなじませる
チーク	なし
ハイライター	A THREE　シマリング グローデュオ 01の右側
シェーディング	B アディクション　ザ アイシャドウ 056　POINT 小鼻の側面に
目元シェーディング	なし
リップ	・YSL　ルージュ ヴォリュプテ シャイン 15

MAKE RECIPE FOR
Gさん ≫ P.35

/ BASE /

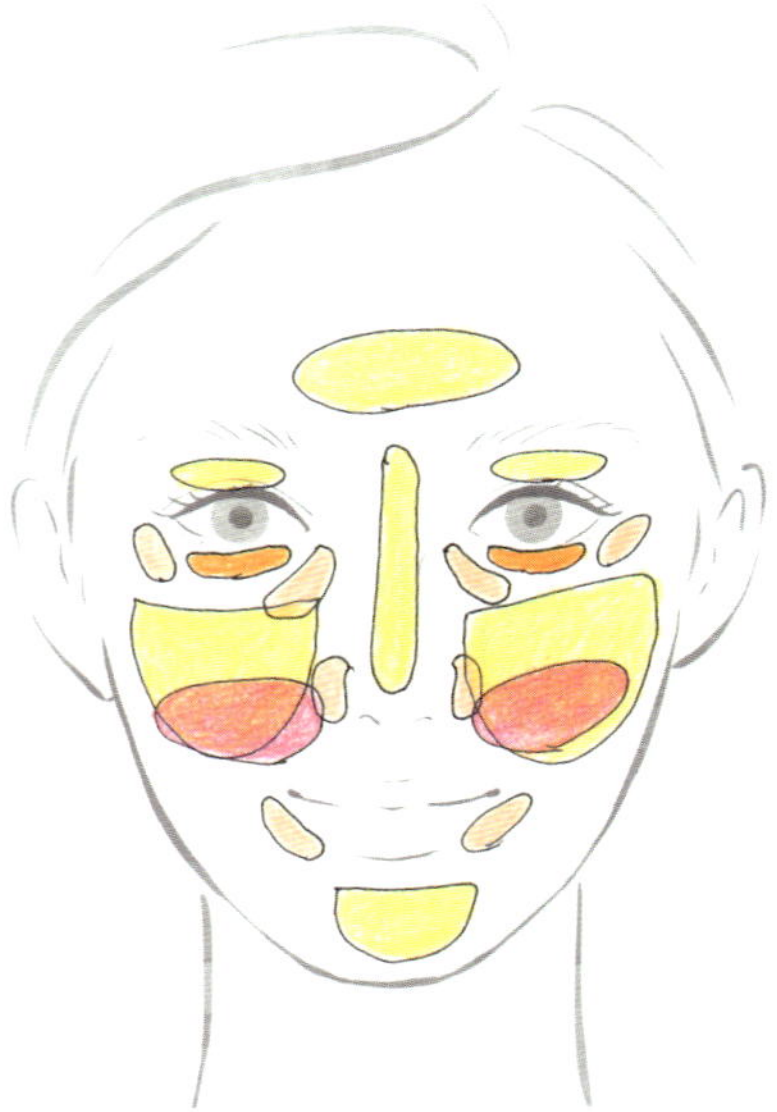

STEP 1
下地

ツヤ系のUV下地を全顔に塗り、日焼けによる色ムラやくすみをとばす。
コントロールカラー ▶ エトヴォス　ミネラルUVグロウベース

STEP 2
コンシーラー

コンシーラーパレットのオレンジを茶グマとシミに、ベージュを影になりがちなところに置く。
MiMC　ナチュラルホワイトニングコンシーラー ---------- オレンジ ベージュ

STEP 3
ファンデーション

広い面にのせてから濡らしたスポンジでパッティングするようになじませる。

目の上のくぼみにもうっすら塗る。

エスティ ローダー　ダブル ウェア ステイ イン プレイス メークアップ 36 ----------

STEP 4
仕込みチーク

小鼻の横あたりから広めにぼかす。ほうれい線にも少しのせる。
セルヴォーク　カムフィー スティックブラッシュ 05 ----------

STEP 5
パウダー

コンシーラーの上にだけ重ねる。
コスメデコルテ　フェイスパウダー 00

STEP 6
仕込みリップ

唇全体に塗る。
アディクション　ティント リッププロテクター＋モア 001

/MAKE/

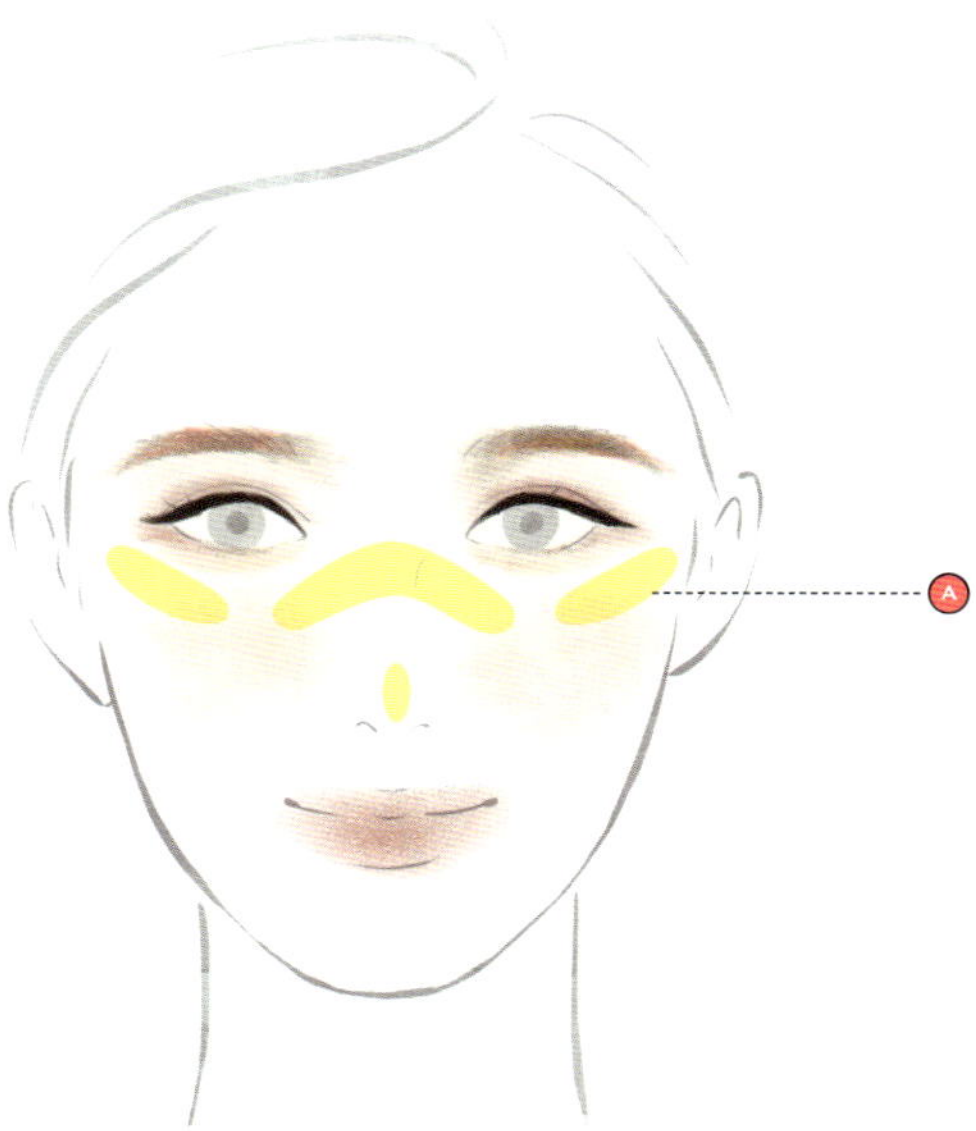

アイシャドウ	・MiMC　ミネラルリキッドリーシャドー 03　POINT アイホールに ・アディクション　ザ アイシャドウ 085　POINT 二重幅と目尻に POINT 白目の黄みが強いので粘膜となじむボルドーシャドウを うっすら入れると白目がきれいに
アイライン	・デジャヴュ　ラスティンファインE クリームペンシル ダークブラウン POINT 目がくぼんでいる人は目元がぼけやすいので まつ毛の間をしっかりうめる ・ウズ　アイオープニングライナー ブラウンブラック
下まぶたメイク	・ボビイ ブラウン　ロングウェア クリームシャドウ スティック 04 POINT 目頭から３分の２まで
マスカラ	・RMK　マットマスカラN 04　POINT 上下に入れる
アイブロウ	・フーミー　アイブロウパウダー レッドブラウン ・エテュセ　ペンシルブローライナー レッドブラウン POINT 眉尻をペンシルで描き足し、パウダーで眉全体に赤みを足す
チーク	・アディクション　ザ アイシャドウ 031 POINT パール感のあるシャドウをチークとして使い、ツヤと涼しげな肌に見せる
ハイライター	A THREE　シマリング グローデュオ 01の右側
シェーディング	なし
目元シェーディング	なし
リップ	・ディオール　アディクト リップ マキシマイザー 006

/ BASE /

MAKE RECIPE FOR Hさん ≫ P.37

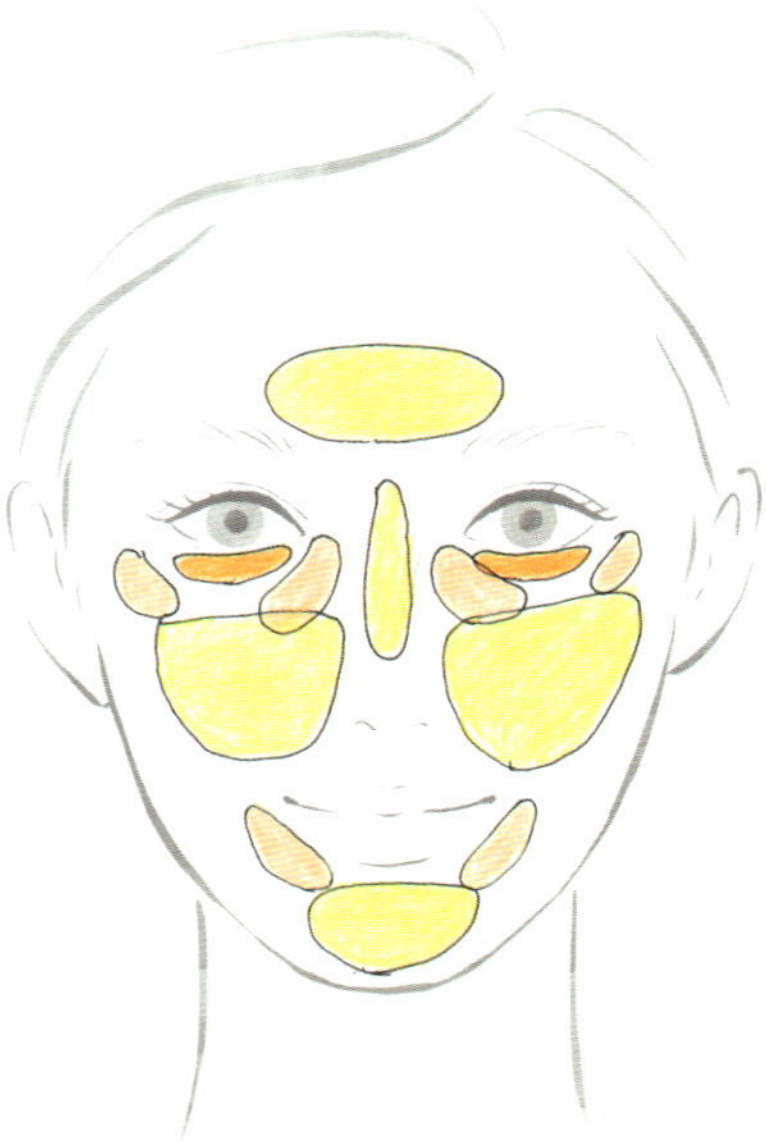

STEP 1 **下地**

イエローベージュ系のUV下地&コントロールカラーを全顔に塗り、顔の赤みと色ムラを補整。
コントロールカラー ▶ ムー　カラーチューナー YE

STEP 2 **コンシーラー**

コンシーラーパレットのオレンジを茶グマとシミに、ベージュを影になりがちなところに置く。
MiMC　ナチュラルホワイトニングコンシーラー ---------- ●オレンジ ●ベージュ

STEP 3 **ファンデーション**

クッションファンデをパッティングするように、顔の広い面に置く。
ファミュ　エバーグロウクッション ライブベージュ ----------●

仕込みチークは入れないで、顔の自然な赤みを活かす。

STEP 4 **パウダー**

コンシーラーの上にだけ重ねる。
コスメデコルテ　フェイスパウダー 00

STEP 5 **仕込みリップ**

唇全体に塗る。
アディクション　ティント リッププロテクター＋モア 001

/MAKE/

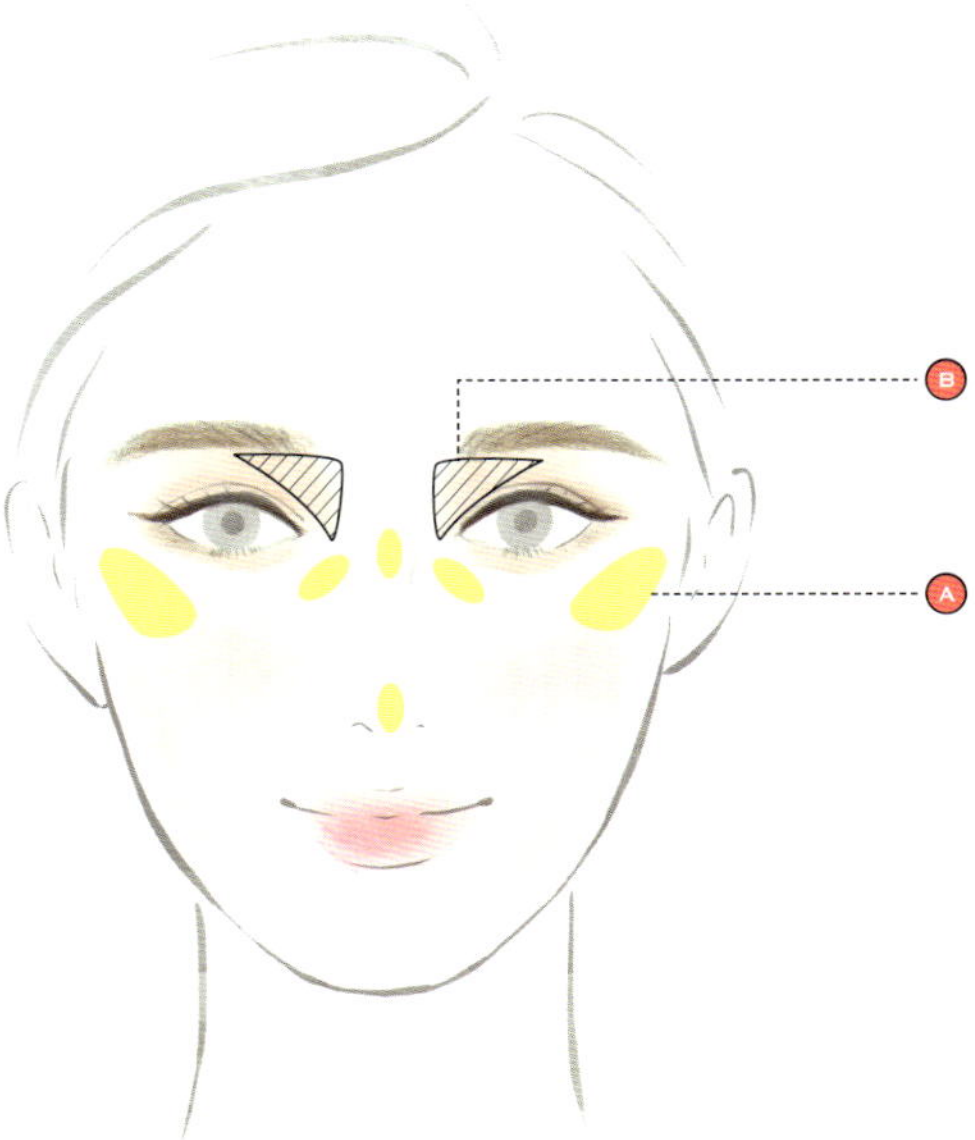

アイシャドウ	・アディクション　ザ アイシャドウ 068　POINT アイホールに
アイライン	・デジャヴュ　ラスティンファインE クリームペンシル ダークブラウン POINT 黒目の下の粘膜に点を打つように入れる ・ウズ　アイオープニングライナー グレー POINT 目頭ラインと目尻ラインを入れる
下まぶたメイク	・ボビイ ブラウン　ロングウェア クリームシャドウ スティック 04 POINT 目頭側と目尻側から中央に向かって
マスカラ	・メイベリン ニューヨーク　ラッシュニスタ オイリシャス 01
アイブロウ	・セルヴォーク　インディケイト アイブロウパウダー 01 ・セザンヌ　ブラシ付 アイブロウ オリーブブラウン POINT 赤みのないオリーブブラウンのペンシルで眉毛のないところに描き足し、アイブロウパウダーで全体にふわっと色をのせる
チーク	・アディクション　ザ アイシャドウ 031 POINT パール感のあるシャドウをチークとして使い、ツヤと涼しげな肌に見せる
ハイライター	Ⓐ rms beauty　ルミナイザー
シェーディング	・フーミー　ちっちゃ顔シャドウ　POINT 顎裏に入れる
目元シェーディング	Ⓑ アディクション　ザ アイシャドウ 056
リップ	・ディオール　アディクト リップ マキシマイザー 012

/ BASE /

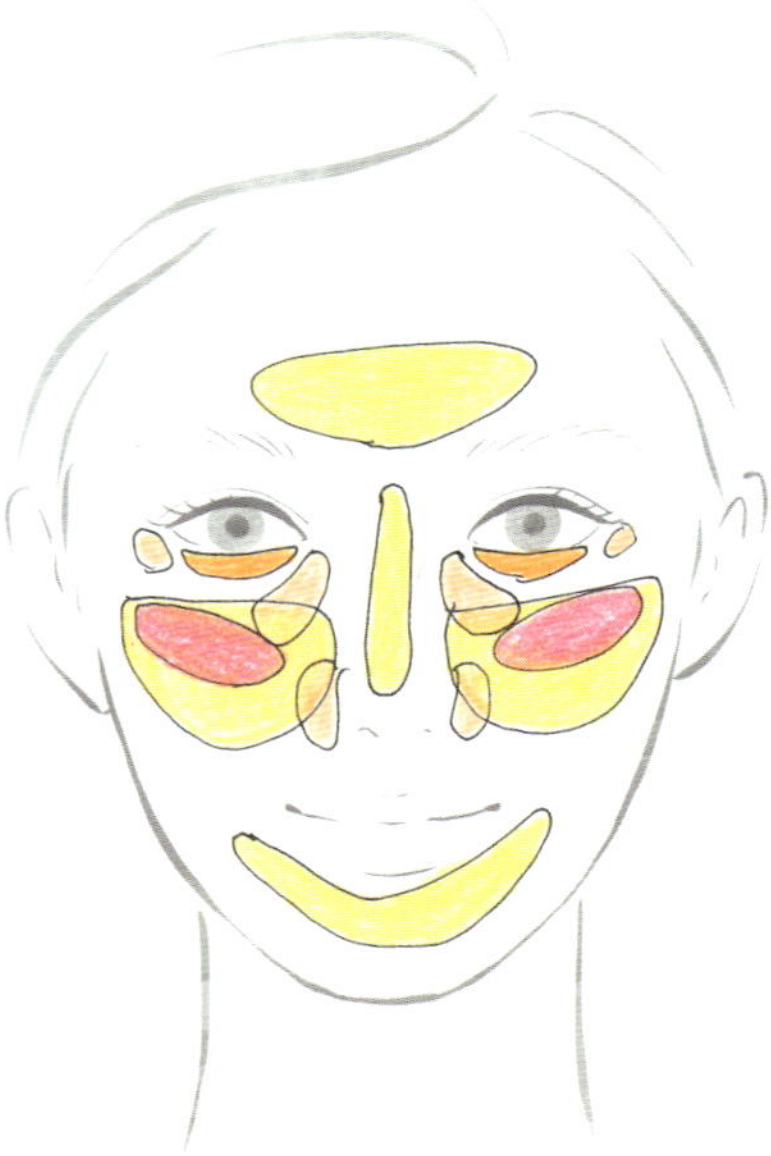

MAKE RECIPE FOR
Iさん ≫ P.39

STEP 1
下地

ラベンダー系のUV下地&コントロールカラーを顔の中心に塗り、透明感をアップ。

コントロールカラー ▶ ムー　カラーチューナー LA

STEP 2
コンシーラー

コンシーラーパレットのオレンジを茶グマとシミに、ベージュを影になりがちなところに置く。

・MiMC　ナチュラルホワイトニングコンシーラー ---------- ●オレンジ
・rms beauty　アンカバーアップ 22 ------------------------- ○ベージュ

STEP 3
ファンデーション

クッションファンデをパッティングするように、顔の広い面に置く。

ファミュ　エバーグロウクッション ナチュラルベージュ ---------- ○

STEP 4
仕込みチーク

顔の重心を上げるため、小鼻より高めの頬骨あたりに入れる。

NARS　リキッドブラッシュ 5155 ---------- ●

STEP 5
パウダー

コンシーラーの上にだけ重ねる。

コスメデコルテ　フェイスパウダー 00

STEP 6
仕込みリップ

唇全体に塗る。

NARS　アフターグロー リップバーム 3424

/MAKE/

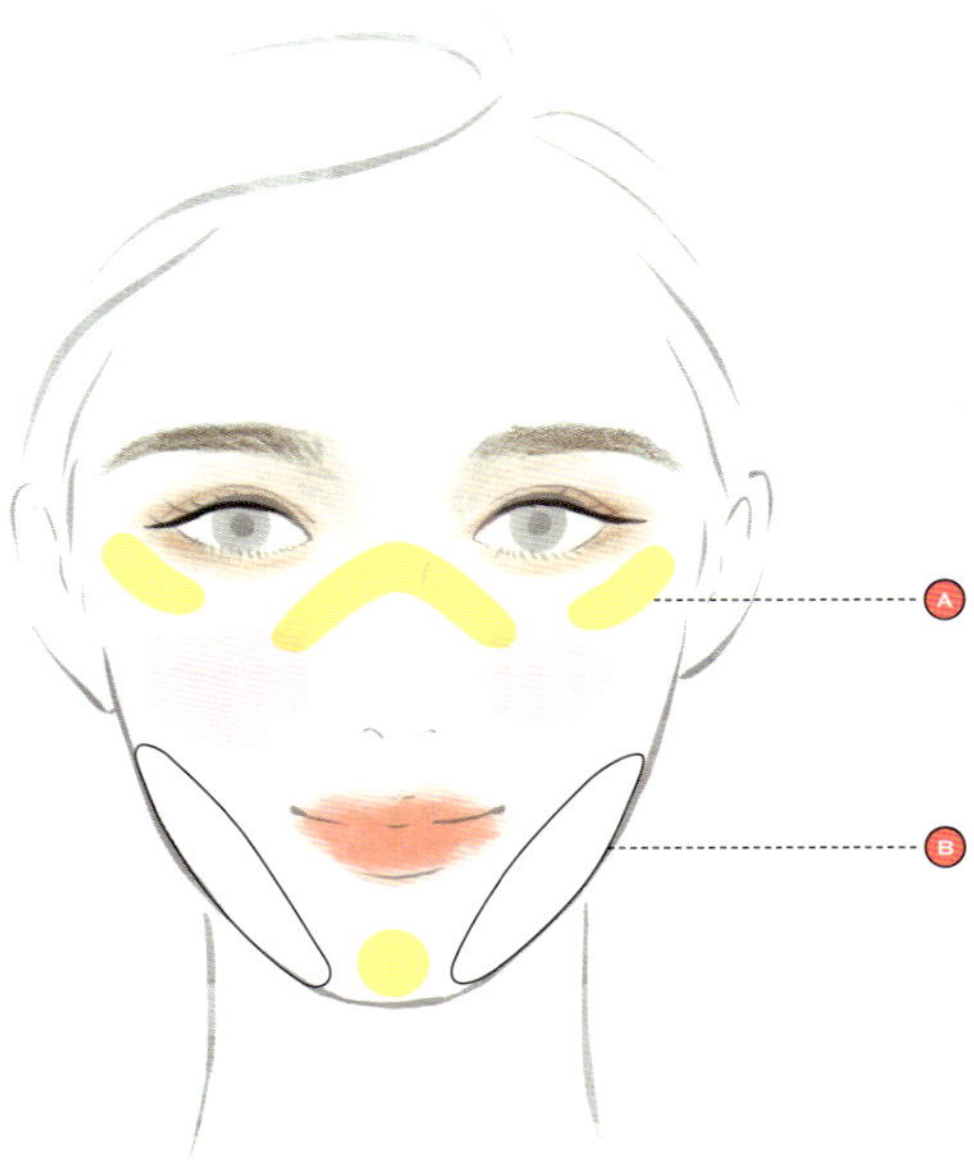

アイシャドウ	・アディクション　ザ アイシャドウ 031　POINT アイホールに ・アディクション　ザ アイシャドウ 056　POINT 二重幅に
アイライン	・デジャヴュ　ラスティンファインE クリームペンシル ピュアブラウン POINT 上まつ毛の間はしっかりうめ、 下まつ毛は点を打つようにほんのりうめる ・メイベリン ニューヨーク　ハイパーシャープ ライナー R　BR-3 POINT 上まぶたのジェルラインを赤みのあるリキッドラインでコーティング
下まぶたメイク	・ボビイ ブラウン　ロングウェア クリームシャドウ スティック 04 POINT 目頭側と目尻側から中央に向かって
マスカラ	・メイベリン ニューヨーク　ラッシュニスタ オイリシャス 01
アイブロウ	・セルヴォーク　インディケイト アイブロウパウダー 01 ・セザンヌ　ブラシ付 アイブロウ オリーブブラウン POINT ペンシルで眉毛のない眉下に描き足し、アイブロウパウダーで 全体にふわっと色をのせる
チーク	・アディクション　ザ ブラッシュ 033
ハイライター	A THREE　シマリング グローデュオ 01の右側　POINT 目の下と顎先に入れる
シェーディング	B フーミー　ちっちゃ顔シャドウ　POINT フェイスラインに入れる
目元シェーディング	なし
リップ	・YSL　ルージュ ヴォリュプテ シャイン 15

MAKE RECIPE FOR
Jさん » P.41

/ BASE /

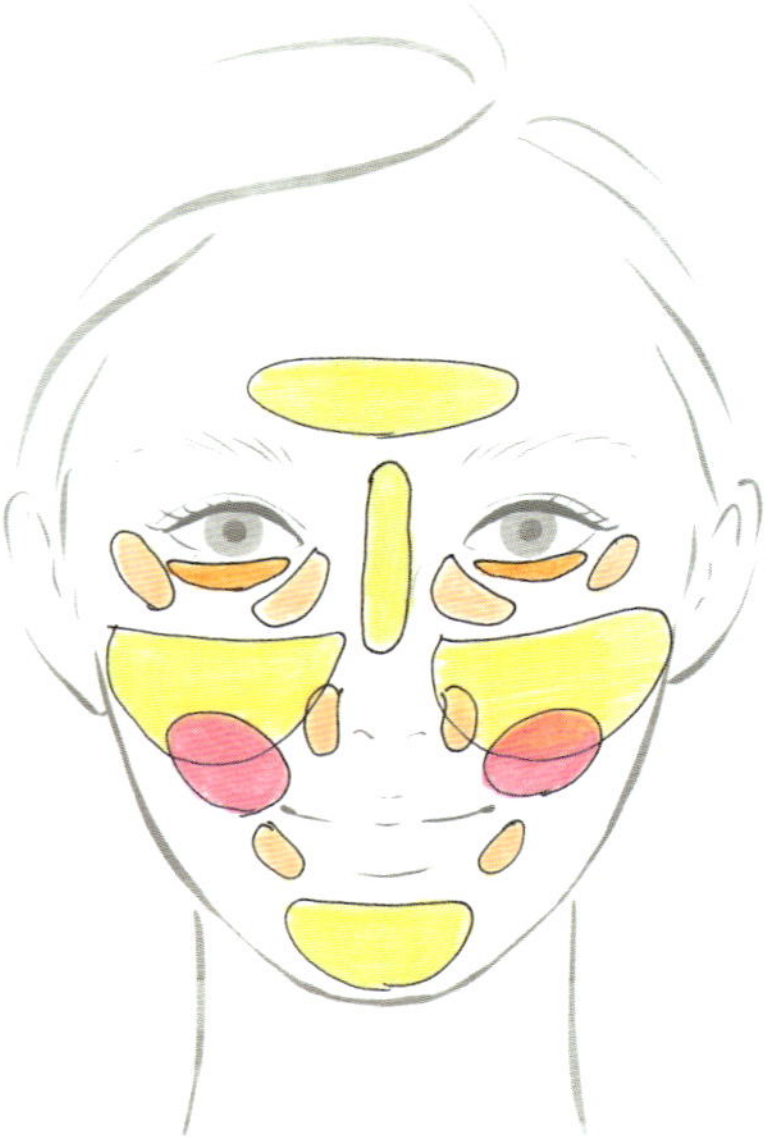

STEP 1　下地

イエローベージュ系のUV下地&コントロールカラーを全顔に塗り、色ムラや細かいシミを目立たなくする。

UV下地＆コントロールカラー／ヴェレダ　エーデルワイス UVプロテクト

STEP 2　コンシーラー

コンシーラーパレットのオレンジを茶グマとシミに、ベージュを影になりがちなところに置く。

MiMC　ナチュラルホワイトニングコンシーラー ---------- オレンジ　ベージュ

STEP 3　ファンデーション

横長を意識しながら濡らしたスポンジでパッティングするように塗る。

エスティ ローダー　ダブル ウェア ステイ イン プレイス メークアップ 36 ----------

STEP 4　仕込みチーク

小鼻の横に入れる。

セルヴォーク　カムフィー スティックブラッシュ 05 ----------

STEP 5　パウダー

コンシーラーの上にだけ重ねる。

コスメデコルテ　フェイスパウダー 00

STEP 6　仕込みリップ

唇全体に塗る。

NARS　アフターグロー リップバーム 3426

/MAKE/

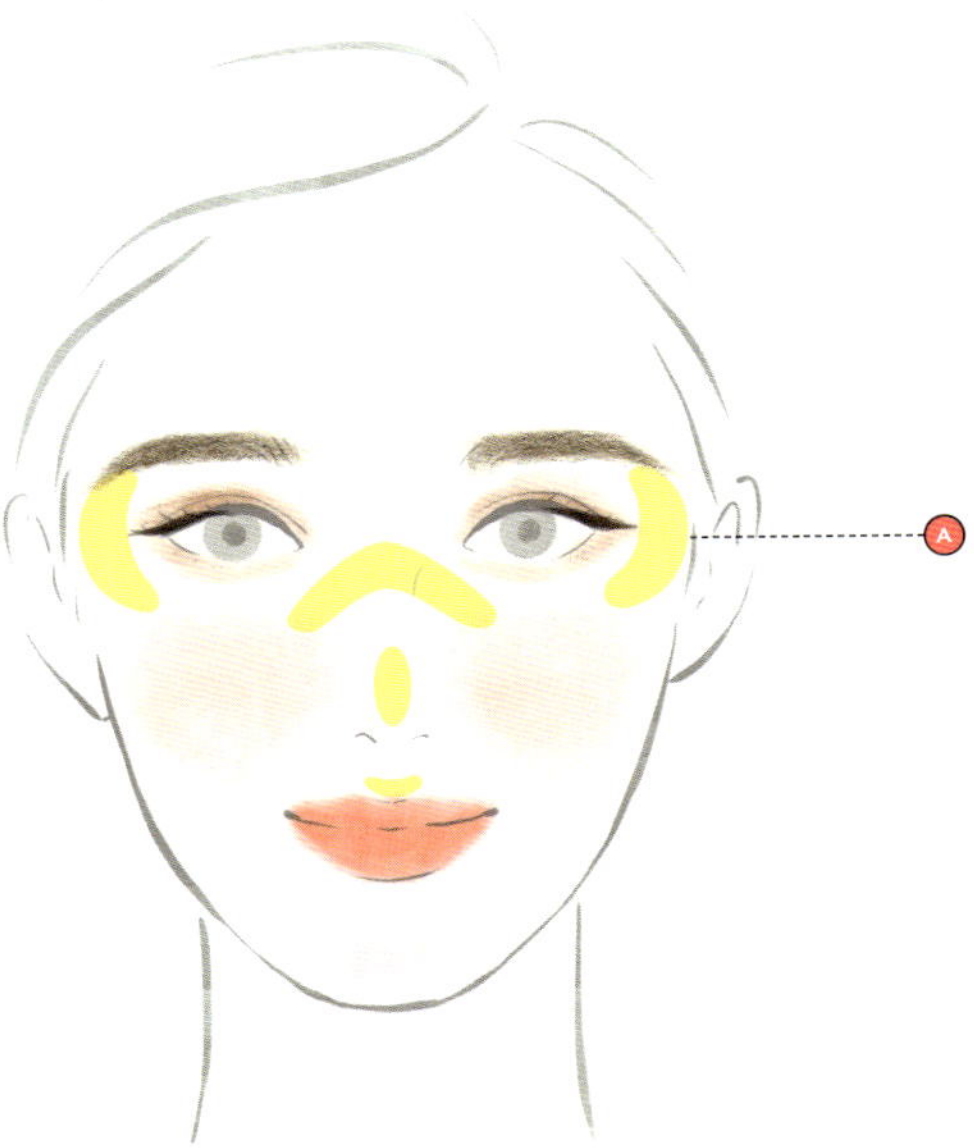

アイシャドウ	・アディクション　ザ アイシャドウ 068 POINT 二重幅に。下まぶたの目尻3分の1にもうっすら
アイライン	・ウズ　アイオープニングライナー グレー POINT 瞳のアッシュグレーを引き立たせるよう、 アイシャドウもラインもグレーで
下まぶたメイク	・ボビイ ブラウン　ロングウェア クリームシャドウ スティック 04 POINT 目頭側と目尻側から中央に向かって
マスカラ	・フローフシ　モテマスカラ テクニカル グロス&コート POINT まつ毛が濃く長いのできつくならないよう、 透明のグレーのマスカラで根元をキープ
アイブロウ	・セルヴォーク　インディケイト アイブロウパウダー 01 ・ヘビーローテーション カラーリングアイブロウ 04 POINT 全体にパウダーをのせ、黒い眉毛をアイブロウマスカラでトーンアップ
チーク	・コスメデコルテ　パウダー ブラッシュ PK802　POINT 小鼻の横から横長に
ハイライター	Ⓐ THREE　シマリング グローデュオ 01の右側 POINT こめかみにCの形に入れ肌の透明感を強調。 唇の山の部分にも光を足して立体感を
シェーディング	・フーミー　ちっちゃ顔シャドウ　POINT 顎裏に入れる
目元シェーディング	なし
リップ	・YSL　ルージュ ヴォリュプテ シャイン 15

おわりに

EPILOGUE

ここまで読み進めてくださって、ありがとうございます。ビューティチェンジのイメージセッションを担当している妹のｅｒｉです。

私は、小さい頃、両親の仕事場である美容室が遊び場でした。いつもバックヤードやお客さまの待合席などで大人たちの姿を眺め、無意識のうちに会話を耳にしていました。その頃の人間観察が、美しいものや人間心理に興味を持つきっかけになったのかもしれません。

小さな頃から私は周りの友達に「好きな髪型にしてもらえていいな」とよく言われていました。私にとって好きな髪型、思い通りの髪型になるのは当たり前のことだったので、当時は思い通りの髪型にならない理由が理解できませんでした。両親が美容室を経営しているという環境もあって、私は自分の希望を遠慮なく伝えられていたからです。とはいえ姉妹でも姉は希望を全く言えないタイプだったようで、大人になるにしたがい「一般的には、本音ってなかなか他人に言えないものなんだ」というのがわかってきました。さらにいうと、大人になればなるほど、加齢による体調や環境の変化、周りから求められる像など、さまざまな目に見えないしがらみの中で自分が求めているものが自分でもわからなくなるというのは、結構よくあることだと気がつきました。だから、この本を読まれた方が改めて自分と向き合い、自分自身でなりたい自分を見つけていただくきっかけになればうれしいです。

「ビューティチェンジ」は、ありがたいことにリピーターの方がとても多いのですが、そのお客さまたちを見ていて感動するのは、毎回スタート地点が上がっているということ。つまり、前回のレッスンで得たものをちゃんと自分のものにして、〝きれい〟を持続・成長させているのです。洋服選びも自由になって、どんどんおしゃれになっている。「前は鏡を見るのが苦痛だったけど、今は楽しみになった」なんて言っていただけると自分のことのようにうれしくなります。

身内のことなので手前味噌ですが、実は私自身、ヘアメイクアップアーティスト山口直美の技術とセンスに絶大な信頼をおいています。〝その人がすでに持っているものを引き出してきれいにする〟という「ビューティチェンジ」のコンセプトは、私自身のコーチングセッションのやり方ともリンクしますが、姉がお客さまに施すヘア&メイクを見ていて再確認したことでもあります。

姉はヘアメイクの流行や旬などを把握していますが、それをすべての方に当てはめることはしません。その人の魅力を活かすことを第一に、その人らしく洗練させた品あるヘア&メイクに仕上げます。また自他共に認める美容オタクで、自分自身を実験台にしてオリジナルの方法を常に編み出しています。そうやって生まれた独自のテクニック、同世代のアラフォー以降がきれいになるための基本のエッセンスをこの本にぎゅっと詰め込みました。ぜひ読み終わった今日から何か一つでもトライしてみてください。

私は、これまでの経験と選択の結果が今の自分を創っていると思っています。だからこそ具体的にイメージを描き、主体的に選び続けることが大事です。変わりたいと思ったら、いつでも、何歳からでも変われます。変わるための第一歩は、具体的にイメージを描けるかどうか。その人がなりたいものは、その人の中にしかないのです。

自分でイメージしたものが未来の自分を創っていきます。なりたい自分が今の自分とかけ離れていたとしても、定期的なイメージトレーニングとヘアメイクチェンジで確実に近づくことができます。外見の変化が内面を変え、行動を変え、ついには人生までを変えてしまうこととすらあるのです。

この本を手に取られた方も、少しでも変わりたい、何かを変えたいと感じた瞬間からその第一歩が始まっています。

どんな時でもなりたい自分をイメージし、行動することで、一生〝きれい〟は更新され、人生をより豊かにしていくことができるのです。

お問い合わせ先リスト

RMK Division／0120-988-271
アディクション ビューティ／0120-586-683
アリエルトレーディング／0120-201-790
アルファネット／03-6427-8177
アンプリチュード／0120-781-811
伊勢半／03-3262-3123
イミュ／0120-371-367
ヴェレダ・ジャパン／0120-070-601
ウズ バイ フローフシ／0120-963-277
エスティ ローダー／0570-003-770
エス・ハート・エス／0120-108-220
エテュセ／0120-074-316
エトヴォス／0120-0477-80
MiMC／03-6455-5165
かならぼ／0120-91-3836
Clue／03-5643-3551
クレイツ／092-552-5331
コスメキッチン／03-5774-5565
コスメデコルテ／0120-763-325

THREE／0120-898-003

セザンヌ化粧品／0120-55-8515

セルヴォーク／03-3261-2892

トーン／03-5774-5565

バイオプログラミング／0120-710-971

パナソニック／0120-878-697

ボビイ ブラウン／0570-003-770

メイベリン ニューヨーク／03-6911-8585

NARS JAPAN／0120-356-686

ニベア花王／0120-165-699

ヤーマン／0120-776-282

ランコム／03-6911-8151

ロージーローザ／0120-253-001

※価格はすべて税抜き表記です。
※掲載商品は2019年11月時点での情報です。

［著者］
山口直美 & eri

横浜・鶴見の美容室を拠点に、内面と外見からアプローチして、なりたい自分になるマンツーマン・レッスン「ビューティチェンジ・ヘアメイクレッスン」を主宰する姉妹ユニット。
妹のeriがコーチングセッションでなりたい自分を引き出し、姉の山口直美がそれに基づいたヘアとメイクを担当。これまでにレッスンを受けた人は1000人以上にのぼる。1回3万6000円という価格ながら、インスタグラムやフェイスブックのビフォア・アフター写真を見た人たちが全国から殺到し、現在7か月待ち。本書が初めての著書となる。　HP　https://www.beautychange.jp/
【山口直美】　ヘアスタイリスト、ヘアメイクアップアーティスト。1975年生まれ。神奈川県横浜市出身。美容師の両親をもつ。原宿、表参道のヘアサロンでスタイリスト兼ヘアメイクとして勤務後、実家の横浜(鶴見)の美容室を継ぐ。品ある中に流行を程よく取り入れたナチュラルスタイルが得意。2014年より妹でメンタルコーチのeriとともに、内面と外見からアプローチする「ビューティチェンジ・ヘアメイクレッスン」を開始。日常に密着した取り入れやすい手軽なテクニックで最大の効果を生むメイクが人気。
【eri】　メンタルコーチ。1979年生まれ。横浜市在住。アパレルの販売員などを経て、メンタルコーチに。販売員時代にお客さまと接する中で、人間心理やお客さまの要望を引き出すことに興味を持ったのをきっかけに、コーチングを学ぶ。「ビューティチェンジ・ヘアメイクレッスン」のイメージセッション部分を担当。なりたい未来のイメージをコーチングの手法で引き出し、理想の内面と外見に気づき、環境の変化に対応するトータルビューティレッスンや、メンタルトレーニング、フォトセッション、体感型イベントの企画運営なども行っている。(2020年1月現在)

激変! ビフォア・アフター
――今のあなたを最も美しく魅せるヘアとメイクの法則

2019年11月6日　第1刷発行
2020年1月23日　第3刷発行

著者　山口直美
　　　eri
発行所　ダイヤモンド社
〒150－8409　東京都渋谷区神宮前6－12－17
http://www.diamond.co.jp/
電話／03・5778・7227（編集）　03・5778・7240（販売）

アートディレクション　稲垣絹子（Jupe design）
デザイン　酒井 優（Jupe design）
写真　須藤明子（商品、プロセス）、山口直美 & eri（ビフォア・アフター）
イラスト　Tomoko Fujiwara（髪型）、a.otsuka/PIXTA（メイクレシピ）
校正　NA Lab.
DTP　エヴリ・シンク
製作進行　ダイヤモンド・グラフィック社
印刷／製本　勇進印刷
編集協力　土谷沙織
編集担当　井上敬子

ISBN　978-4-478-10836-9